Espacios de calma

Espacios de calma

MOMENTOS DE ORACIÓN PARA MUJERES

Patricia Wilson

UPPER ROOM BOOKS®
NASHVILLE

Pàgina web del Upper Room Books®: books.upperroom.org

Diseño de la portada y del interior: Juicebox Designs
Traducción: Magda Velander

ISBN 978-0-8358-1699-1 (print) | ISBN 978-0-8358-1700-4 (mobi) | ISBN 978-0-8358-1701-1 (epub)

A todos mis compañeros de oración,
compañeros de grupo
y amistades solidarias que
me han traído
hasta este lugar de fe

Índice

Un momento de calma para orar por las tensiones de la vida

Un espacio de calma para orar por una relación

Un espacio de calma para celebrar ocasiones especiales

Un espacio de calma para los finales y los comienzos

introducción

¿No sería maravilloso si tuvieras todo el tiempo del mundo para hacer todas las cosas que quieres hacer? ¡Aún mejor! ¿No sería maravilloso tener suficiente tiempo cada día para cultivar una vida espiritual, para orar, para conectarte con Dios, para experimentar lo divino?

En el mundo de hoy las mujeres están más ocupadas que nunca. No es solo una mujer que frecuentemente realiza múltiples tareas y que tiene responsabilidades en el hogar, con la familia y con su carrera, sino que también hace malabares con sus diversas funciones; de madre, hija, esposa, empleada, amiga, voluntaria. La lista parece interminable. Cada mañana ella se levanta corriendo, con la lista de asuntos pendientes y celular en mano. Para el momento en que los últimos minutos del día se van, ella cae a dormir agotada, atormentada por los fantasmas de las cosas todavía por hacer.

¿Cómo puede una mujer tan ocupada encontrar tiempo personal para la oración, durante un día agitado tras otro? ¿Cómo puede Dios hablar con ella en medio de la turbulencia de los calendarios, los horarios y las agendas? ¿Dónde hay un momento para que ella pueda escuchar la voz apacible de Dios aun por encima del caos de una vida tan ocupada?

Cuando te fijas en tu día, puedes sentir como si cada momento ya ha sido ocupado. A pesar de todo, el tiempo para orar está disponible para ti si sabes dónde buscar.

Imagina que tu día es como una caja de cartón vacía de aproximadamente 60 centímetros cuadrados. Esta caja contiene el tiempo de vigilia disponible en un día para ti; contiene tus cosas más importantes para hacer, asuntos que requieren que les dediques tiempo; escribir un informe de negocios, ir al médico, la reunión con el profesor de tus hijos, comprar los alimentos para la semana. Estas tareas son como bolas del juego de bolos. Son grandes, voluminosas, inflexibles bloques de tiempo que tienes que encajar en tu día. ¿Cuántas bolas de bolos podrían caber en tu caja? ¿Aproximadamente cuatro? Tu día ya está lleno de actividades que consumen tiempo y que no pueden ser ignoradas.

Fíjate otra vez en tu caja de tiempo. Observa los espacios entre las bolas de bolos. Tienes espacio para unas cuantas bolas de tenis; actividades que toman un poco menos de tiempo que tus grandes proyectos, pero que sin embargo se deben hacer, como devolver un libro a la biblioteca, dejar ropa en la lavandería, comprar leche en el camino a casa. Estas bolas de tenis pronto llenan los espacios de tiempo alrededor las bolas de bolos.

A pesar de todo te queda un poco más de espacio. Tienes espacio para algunas bolas de golf; aquellas medias horas de tiempo no planificadas aquí y allá, cuando se debe devolver una llamada telefónica, cuando llega una nueva asignación de trabajo, o una reunión se extiende.

Tu caja de tiempo está ahora llena. Tal como lo pensabas, no tienes espacio para nada más, mucho menos espacio para tu tiempo personal de oración.

Imagina que tienes un puñado de arena seca. ¿Cuántos granos de arena puedes poner en la caja antes de que esté completamente llena? ¡Bastantes! Los granos de arena representan minutos perdidos de tiempo, que por lo general pasan desapercibidos y sin uso. ¿De dónde vienen? Puedes encontrar esos minutos perdidos mientras estás esperando por la compañía de cable, sentada en la sala de espera de un consultorio, detenida en el tráfico, en un breve descanso para tomar café, esperando a que comience una reunión, entre llamadas telefónicas o en cualquiera de las numerosas veces durante el día cuando una pequeña oportunidad se te presenta. Estos granos de arena; estos momentos o espacios de calma, están todos a tu alrededor si te fijas en ellos.

Espacios de Calma es un libro justamente para esos momentos. Incluye meditaciones cortas que te van a motivar y te harán sentir la presencia de Dios. Cada espacio de calma contiene los siguientes componentes:

- Cálmate: un pasaje de los Salmos para calmar tu mente.
- Céntrate: un ejercicio para centrar tus pensamientos.
- Ora: una oración para el espacio de calma particular.
- Escucha: un pasaje del evangelio que te ofrece las palabras de Jesús.
- Retorna: un ejercicio para afirmar tu experiencia de oración.

Siempre que encuentres un espacio de calma, toma la oportunidad de pasar esos pocos minutos con Dios. Primero, lee el pasaje de los Salmos (bajo el componente "Cálmate"). Léelo lentamente tres veces, y siente cómo en la calma empiezas a tomar conciencia de su presencia. Si te parece que un recuerdo visual es útil, escribe el Salmo en una tarjeta y déjala donde puedas verla durante el día.

Después, centra tus pensamientos en un momento de imaginación. Las sugerencias del componente "Céntrate", te darán una idea de cómo hacerlo. Ni siquiera tienes que cerrar los ojos.

A continuación lee la breve oración. Léela lentamente, prestando atención a las palabras. Las frases cortas y pensamientos de las oraciones de *Espacios de calma* te ayudan a hacerlo. Si encuentras tu mente divagando, regresa al inicio y lee la oración de nuevo. En algunos casos las palabras cursivas te indicaran que substituyas el nombre, el género, o la situación de acuerdo a tu oración personal.

Cuando termines la oración, lee las palabras de Jesús (bajo el componente "Escucha"). Reflexiona sobre cómo se relacionan con tu vida y con tu situación actual.

Finalmente sujeta tu experiencia y prepárate para retornar a tu mundo usando el ejercicio "Retorna". Algunas veces puedes usar este ejercicio durante el día para que recuerdes el espacio de calma.

Estos espacios de calma pueden tomar tan poco como cinco minutos para realizarlos. Si tienes más tiempo, quédate unos minutos en silencio después de cada sección meditando sobre lo que Dios te está diciendo. Este libro contiene bastantes espacios de calma, que están divididos en varios temas de oración. Ya sea que elijas leerlos en secuencia, al azar, o por tema, Dios está esperando para hablarte en un espacio de calma.

La primera vez que escribí *Quiet Spaces*, (la primera versión se publicó únicamente en Ingles) fue con la intención de ayudar a las mujeres a encontrar tiempo para la espiritalidad y la fe en sus ocupadas vidas. Ahora, con la segunda edición de *Quiet Spaces*, *Espacios de calma* (versión en español), la intención básica sigue siendo la misma, pero también quiero ofrecer oportunidades para una mayor interacción con la experiencia de *Espacios de calma*. Con esto en mente, el personal de Upper Room Books y yo hemos creado *My Quiet Spaces* (myquietspaces.org).

Te invito a visitar *My Quiet Spaces* donde encontrarás recursos para enriquecer tu vida espiritual. Si deseas una vida de oración más centrada, una forma de explorar tu viaje espiritual a través de un diario, una oportunidad para conectarte en línea con pequeños grupos que también están compartiendo las experiencias de *Quiet Spaces*, o una manera de conectarte con aquellas personas cercanas a ti en tu vida diaria, el sitio web te ofrece un tema mensual y sugerencias sobre la manera de explorar ese tema a través de la oración, con el diario, a través de la interacción en línea y en pequeños grupos personales.

La página web (disponible en inglés) ofrece nuevas e interesantes oportunidades que yo confío, te acercarán a Dios. Ingresa a la página por un momento, di hola y participa donde te sientas más cómoda. Es posible que algunas semanas desees concentrarte en la oración; otras veces, podrías sentir la necesidad de hablar de tu viaje espiritual a través de nuestro foro en línea. Habrán momentos cuando encuentres más útiles los ejercicios del diario y otras ocasiones en las que puedes usar el sitio web *My Quiet Spaces* para tener un punto de partida para iniciar una discusión en grupos pequeños; clases de escuela dominical, grupos de amigos o de familiares.

Como el salmista nos dice: "Prueben y vean que el Señor es bueno" (Salmo 34:8). Este salmo refleja mi invitación personal para que tú puedas probar y ver las bendiciones que Dios tiene para ti.

Un momento
de calma
para
renovarse

Cuando te sientes cansada y desgastada

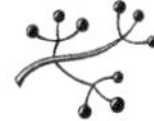

Cálmate

En tu santuario, oh Dios, eres imponente;
¡el Dios de Israel da poder y fuerza a su pueblo!
¡Bendito sea Dios!

Salmo 68:35

Céntrate

Respira tres veces profundamente; suavemente llena tus pulmones, sostén cada respiración y exhala después de cada una. Mientras lo haces imagínate recibiendo fuerza y poder, imagínalos llenando todo tu cuerpo.

Ora

Querido Dios, aquí estoy ante Ti. Estoy cansada, muy cansada. Me pregunto qué ha pasado con mi entusiasmo sin límites por la vida que me has dado. ¿A dónde se ha ido? ¿Cuándo lo perdí? En lugar de entusiasmo, me siento seca, apagada.

No me siento como tu hija victoriosa. Dios, ¿por qué me ha pasado esto a mí? ¿Cómo pude dejar que esto sucediera? ¿Por qué tú has permitido que esto pase?

Yo sé todas las cosas correctas que puedo decir: sé que mi fuerza está en Ti, que sin Ti no puedo hacer nada y a pesar de todo, aquí estoy, impotente, desgastada y débil.

Dios, déjame sentir tu fortaleza:

el poder de tu Espíritu Santo llenando mi cuerpo cansado,

la energía de tu amor fluyendo a través de mí,

el gozo de tu salvación brotando desde mi corazón.

Toma mi cansancio, mi fatiga y mi carga. Remuévelos de mi espíritu. Lléname de alegría, de entusiasmo, de gusto por la vida y por las tareas por hacer.

Ayúdame a ver cada nuevo día como un regalo perfecto que me ofreces, para ser vivido plenamente y con energía, con la seguridad de saber que tú me darás la fuerza que necesito para hacerlo.

(Inhala profundamente otras tres veces, imaginando que cada una de ellas te da energía y fuerza.)

Gracias, Dios, por llevarte mi debilidad. Gracias por restaurar mis fuerzas.

Escucha

"Vengan conmigo ustedes solos a un lugar tranquilo y descansen un poco".

MARCOS 6:31

Retorna

Toma otras tres respiraciones profundas, sostenlas durante unos segundos y suéltalas lentamente. Repite el ejercicio durante el día, cada vez imaginando como la fuerza de Jesucristo te llena y te nutre.

Cuando necesitas sentir la presencia de Dios

Cálmate

A ti clamo, Dios, porque tú me respondes;
inclina a mí tu oído, y escucha mi oración.

SALMO 17:6

Céntrate

Imagínate sentada en tu sillón favorito, esperando en calma para reunirte con un amigo. Escuchas pasos que vienen de atrás y puedes sentir la emoción y la anticipación. No necesitas mirar para saber que es tu amigo.

Ora

Misericordioso y amado Dios, bienvenido a mi espacio de calma. Gracias por venir cuando te he llamado.

Te necesito ahora mismo.

Necesito estar contigo.

Necesito sentir tu caricia.

Necesito escuchar tu voz.

Muchas cosas están sucediendo y me siento abrumada. Muchas personas necesitan mi tiempo. Tengo muchas solicitudes por atender, muchas promesas que cumplir.

Me parece que te he perdido en medio de todo lo que pasa a mí alrededor y por eso, ahora me siento calmadamente y eres bienvenido a estar aquí conmigo.

Háblame, Dios, en este breve espacio. Calma mis pensamientos ansiosos, calma mi corazón que late con fuerza, calma mis miedos y mis dudas.

Dime que tú me amas y que te preocupas por mí. Recuérdame que yo soy tu hija y que no tengo que tener miedo o estar agobiada.

Tócame, Dios, en este momento. Déjame sentir tu mano sobre mí, tu amor derramándose sobre mí, tu Espíritu Santo consolador a mi alrededor. Permíteme estar consiente de tu amorosa presencia en este momento de calma.

Gracias mi Señor, porque todo lo que tengo que hacer es pedir y Tu estás aquí. Gracias por estar siempre conmigo, por estar siempre esperando por mí a que me detenga, ore y te escuche.

Gracias por tu amor siempre presente. Guárdame hoy en tu presencia Señor, sin importar lo que me ocurra.

Escucha

"La venida del reino de Dios no se puede someter a cálculos. No van a decir: '¡Mírenlo acá! ¡Mírenlo allá!' Dense cuenta de que el reino de Dios está entre ustedes".

LUCAS 17:20-21

Retorna

Siéntate calmadamente, consciente de que Dios está contigo. Siéntete cubierta por el amor y la paz de Dios. Siente el Espíritu Santo impregnando tu cuerpo y rebosándolo de alegría. Da gracias a Dios por estar contigo hoy.

Cuando sientes que has perdido tu camino

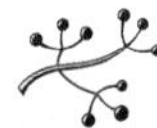

Cálmate

Escucha, SEÑOR, mi oración;
  llegue a ti mi clamor.
No escondas de mí tu rostro
  cuando me encuentro angustiado.
Inclina a mí tu oído;
  respóndeme pronto cuando te llame.

SALMO 102:1-2

Céntrate

El pastor conoce a sus ovejas y ellas conocen su voz. Imagina la voz de Jesús llamándote suavemente, cariñosamente susurrando tu nombre en tu oído. Jesús te llama personalmente porque él te conoce y conoce tus necesidades, incluso antes de que puedas hablar.

Ora

Gracias Gentil Pastor, por estar aquí conmigo en este momento. Jesús, mi pastor quien cuida de mí y se preocupa por mí, me siento como una oveja perdida en busca del rebaño.

No sé cómo perdí mi camino. Tal vez en los quehaceres de mi vida, he olvidado cómo seguir al Pastor:

cómo mantener mis ojos en ti,
cómo mantener mis pensamientos en ti,
cómo mantener mis oídos abiertos a tu voz.

En cambio, me he quedado atrapada en las cosas de este mundo. Al igual que una oveja perdida, me tropiezo a lo largo de los bordes de altos precipicios. Me encuentro hundiéndome en arenas movedizas de pantanos ocultos. Escucho el aullido de mis enemigos durante las vigilias en noches oscuras. Me desespero tratando de encontrar mi propio camino.

Pero en lugar de encontrarte en mi ciega actividad, estoy más alejada de ti y tengo miedo.

(Imagina que puedes escuchar de nuevo la voz de Jesús llamándote por tu nombre.)

Te escucho, mi Pastor. En este momento Jesús, voy a estar muy tranquila. Voy a esperar a que tú me encuentres. Voy a dejar de hablar, a dejar de correr, a dejar de hacer y solamente voy a esperar.

(*Quédate en calma durante un minuto.*)

Tu presencia está a mi alrededor. Tu mano suave me guia de vuelta al redil. Me siento segura, en paz y en casa por fin.

Gracias, Tierno Pastor.

Escucha

"Yo soy el buen pastor; conozco a mis ovejas, y ellas me conocen a mí, así como el Padre me conoce a mí y yo lo conozco a él, y doy mi vida por las ovejas".

JUAN 10:14-15

Retorna

Toma un momento para sentir el cariñoso amor de Jesús que llena el aire que te rodea. Escucha la voz de él llamándote por tu nombre. A medida que el día avanza, si sientes que empiezas a precipitarte y a apresurarte, permanece en calma y espera a que el Pastor te encuentre.

Cuando te sientes sola y olvidada

Cálmate

Los sacó de las sombras tenebrosas
    y rompió en pedazos sus cadenas.
¡Que den gracias al Señor por su gran amor,
    por sus maravillas en favor de los hombres!

Salmo 107:14-15

Céntrate

Imagina que estás de pie sobre una playa que se extiende por muchas millas en cada dirección, frente a una calma plana, un océano vacío que desemboca en el horizonte. Estás sola, no hay aves en lo alto; no se escucha el sonido de las olas, ni se siente el viento soplar. Experimenta la sensación de estar completamente sola.

Ora

Aquí estoy, oh mi Dios, sola.
¿Te has olvidado de mí?
Me siento tan lejos de ti,
de otras personas,
del mundo.
Yo estoy sola.
¿Cómo he llegado hasta aquí, a este lugar solitario?
¿Cuándo perdí el sentido de tu presencia cerca de mí? ¿Quién se lo ha llevado?
Trato de decirme a mí misma que esto es solo una mala racha,
que estoy cansada,
que muchas cosas están sucediendo
en mi vida,
que todo será como era
antes;
si solamente me quedo aquí.

Pero estoy cansada de solamente pasar el tiempo aquí con la esperanza de que tú y yo nos vamos a conectar. No me gusta sentirme desconectada, inquieta, vacía.

Estoy sola.

¿Dónde estás Dios? ¿Cómo te encuentro de nuevo? ¿Dónde tengo que ir? ¿Qué tengo que hacer? Yo no tengo ninguna respuesta y no puedo oír tu voz en mi soledad.

Añoro la forma en que solía ser: cuando yo podía sentir tu toque, tú presencia cerca de mí. ¿Cómo me he perdido

Tal vez esta es una de esas veces en que solo debo caminar con fe. Dios, aquí hay tres cosas que yo se:

que tú me amas,
que tú tienes un plan para mí,
y que tú estás conmigo.

A pesar de que sé estas cosas, yo no las siento. Si lo hiciera, yo no estaría aquí ahora, diciéndote que me siento sola.

Pero yo sé estas cosas porque en el pasado, ellas eran absolutamente ciertas. Solo por el hecho de que no puedo sentirlas ahora, no significa que ya no son verdad:

que tú me amas,
que tú tienes un plan para mí,
y que tú estás con migo.

Incluso si me siento sola.

Te ofrezco mi caminar en la fe. Te pido por favor que estés conmigo, aliéntame y fortaléceme, para que un día, tal vez pronto, ya no me sienta sola.

Escucha

"No los voy a dejar huérfanos; volveré a ustedes".

JUAN 14:18

Retorna

Imagina que estas de nuevo en la playa. Observa la playa. A lo lejos, ves una figura haciéndote señas. Te ves caminando hacia esa figura. Hacia Jesús, que está esperando por ti.

Cuando necesitas paz y calma

Cálmate

Todo lo contrario:
he calmado y aquietado mis ansias.
Soy como un niño recién amamantado en el regazo de su madre.
¡Mi alma es como un niño recién amamantado!

SALMO 131:2

Céntrate

Imagina que estás poniendo barreras de sonido alrededor del lugar donde te encuentras en este momento. Estas barreras son invisibles, se extienden desde el suelo hasta lo alto. No hay sonidos, no hay personas, no hay interrupciones externas que puedan traspasarlas. Puedes colocar las barreras a corta distancia de donde estás, o puede ponerlas rodeándote a una distancia mayor; hazlo de la forma en que te sientas más cómoda. Dentro de las barreras todo es silencioso y tranquilo. Siéntate dentro de las barreras imaginarias por un momento.

Ora

Querido Jesús, es inusual para mí sentir tranquilidad y calma, porque siempre hay mucho ruido, mucho alboroto y tantas otras cosas sucediendo a mi alrededor.

Personas que necesitan mi tiempo, proyectos que requieren mi atención, tareas que exigen mi esfuerzo.

Anhelo un lugar con barreras de sonido, un lugar adonde pueda ir y estar tranquila, donde pueda encontrar la paz que le falta a mi vida.

Yo sé que con frecuencia tú te sentías de la misma manera, que tú también necesitabas encontrar un lugar alejado de todo, donde pudieras descansar y estar en silencio. No era nada fácil para ti encontrarlo, como tampoco lo es para mí, ¡Y tú eres el Hijo de Dios, con legiones de ángeles a tus órdenes!

Querido Jesús, ¡cómo necesito un lugar de paz en mi vida, un lugar solo para nosotros! Nadie más que tú y yo.

Ahí estaríamos solamente nosotros dos. Nadie interrumpiéndonos con quejas y exigencias, ni teléfonos sonando, ni televisores con alto volumen, ni la bulla del tráfico. Sin tiempo límite, sin alarmas de reloj, ni horarios. Nada, solamente tú y yo.

Mientras hablo contigo, Cristo Jesús, me doy cuenta que hay paz en esta conversación. A medida que me concentro en lo que te estoy diciendo y en escuchar el sonido de tu voz, empiezo a bloquear todo el ruido a mí alrededor.

Nuestro momento de comunión está levantando barreras alrededor; el mundo exterior se desvanece, los sonidos se silencian y finalmente puedo relajarme en este espacio tranquilo.

Aquí estamos, descansando cada uno en la presencia del otro. Solamente tú y yo.

Te agradezco Cristo Jesús, por este pequeño espacio de paz y calma conmigo.

Te doy gracias porque este espacio está siempre aquí, esperando por mí y porque en esos pocos minutos puedo encontrar la renovación que necesito

Esto es todo lo que necesito; algunos minutos contigo. Unos pocos minutos de paz y calma. Solamente tú y yo.

Escucha

"La paz les dejo; mi paz les doy. Yo no se la doy a ustedes como la da el mundo. No se angustien ni se acobarden".

JUAN 14:27

Retorna

Quédate sentada por algunos minutos, disfrutando de tu espacio de calma. Luego, derriba una a una tus barreras invisibles y regresa a tu mundo. Recuerda que el espacio tranquilo siempre está ahí, siempre disponible para cuando sientas la necesidad de paz y calma.

Cuando necesitas ánimo

Cálmate

El Señor es excelso, pero toma en cuenta a los humildes
y mira de lejos a los orgullosos.
Aunque pase yo por grandes angustias,
tú me darás vida;
contra el furor de mis enemigos extenderás la mano:
¡tu mano derecha me pondrá a salvo!

SALMO 138:6-7

Céntrate

Imagínate subiendo un acantilado alto y rocoso. El objetivo es llegar hasta la meseta en la parte superior, donde sabes que la vista es maravillosa. Imagina que estás en la mitad del camino y que la escalada se ha vuelto muy difícil. De hecho, has llegado a un punto donde sientes que no puedes continuar. No quieres devolverte y perderte de la vista desde la cima. No puedes quedarte donde estás. Solo necesitas una poco de ayuda para seguir adelante.

Ora

Dios, estoy cansada de "seguir y seguir". Cada día es como subir por ese acantilado; es agotador, es una labor solitaria. Yo solo quiero rendirme.

No estoy segura de que deseo rendirme:
a la escalada,
al objetivo,
al esfuerzo,
a la fuerte presión,
al desamino,
al el dolor,
a la decepción,
o a la frustración.

Solo sé que ahora mismo el objetivo parece tan lejos que olvidé porqué empecé a escalar.

La mayoría del tiempo siento como que soy la única que está escalando. Mis compañeros de viaje parecen haber tomado una ruta diferente. Tal vez el camino de ellos es más fácil, o quizás solamente son mejores escaladores. Pero yo estoy luchando, Dios y necesito ayuda.

El acantilado es muy alto y muy difícil. Hay muchas partes rocosas donde no puedo sostenerme firmemente.

Algunas partes son resbaladizas y peligrosas. Otras parecen fáciles hasta que llego ahí y entonces no son nada fáciles, son tan peligrosas como los lugares que dejé atrás.

Dios, yo sé que este acantilado debe ser parte de tu plan para mi vida, pero eso no significa que sea nada fácil en este momento. Sigue siendo una escalada difícil y yo estoy cansada.

Dios, ayúdame en el día de hoy. Dame el valor para continuar este camino. Ayúdame a través de los lugares rocosos, los lugares resbaladizos, los parajes difíciles. No puedo hacer esto sola.

Tal vez ese ha sido mi problema durante todo este tiempo; he estado tratando de escalar sola. He olvidado que en primer lugar, estoy subiendo para disfrutar la vista desde la cima.

Dios, ahora pongo esta subida en tus manos. Me doy por vencida, voy a permitir que me guíes el resto del camino, incluso que me cargues si es necesario.

Juntos podemos escalar este acantilado. Gracias mi Señor, por estar conmigo.

Escucha

"Nadie que mire atrás después de poner la mano en el arado es apto para el reino de Dios".

LUCAS 9:62

Retorna

Imagina que todavía estás atrapada en el acantilado. Ahora imagina una mano que se extiende, para sujetar la tuya y te impulsa hacia arriba. El ascenso se hace más fácil, ¡mucho más fácil! e imagina que esa mano fuerte, la mano de Dios, está siempre presente; guiándote, sosteniéndote, llevándote a medida que continúas subiendo tu acantilado.

Cuando pierdes el gozo por la vida

Cálmate

Reconforta el espíritu de tu siervo,
porque a ti, Señor, elevo mi alma.

SALMO 86:4

Céntrate

Imagina una fuente en un parque. La fuente parece no haber funcionado durante mucho tiempo. Su cuenca está seca y llena de hojas.

Ora

Dios, mi alegría se ha evaporado. Nada queda dentro de mí. Nada fluye, brota o esparce alegría como antes. Estoy seca.

Mi vida está vacía, árida, estéril, sin color. Simplemente existo, deprimida y sin alegría. Anhelo los buenos recuerdos: esos momentos de pura felicidad, cuando miraba a mi mundo y veía todo lo bueno en él.

Añoro el silbido de gozo que estaba siempre dentro de mí; como un regalo tuyo.

Esta vida sin alegría no es lo que Jesús prometió. El prometió venir para que mi regocijo fuera completo. Y así fue al principio. Recuerdo cómo era la vida cuando la hierba era más verde y el cielo era más azul; te veía Dios, en todo y en todos a mí alrededor. En ese momento viví mi vida total y plenamente.

Ahora simplemente existo.

Quiero tu promesa. Quiero tu alegría completa, que fluya y que nunca acabe. Quiero sentir luz y felicidad, alegría por estar viva y la alegría de ser cristiana.

Así que te pido, Dios, que para cumplirme tu promesa, actives las fuentes de la alegría dentro de mí. Déjalas que fluyan con tanta fuerza que mis dudas y temores sean removidos, arrastrados por las aguas de tu gozo.

Deja que el gozo fluya de mí y llegue a los que me rodean, que brote, se esparza y cubra toda la tierra estéril de mi vida. Hazme una fuente de alegría para otros cuyas vidas necesitan las aguas de tu amor.

Gracias, Dios, porque incluso cuando me siento vacía y estéril, sé que las fuentes de la alegría están ahí, enterradas profundamente dentro de mí. Te pido que las actives ahora, libéralas y llévame a su plenitud.

Gracias, Dios, por la alegría.
La alegría que supera todo lo demás.
La alegría que es más poderosa que los poderes más oscuros.
La alegría que es más abundante que el agua de los mares.
La alegría que es mía.

Escucha

"Les he dicho esto para que tengan mi alegría y así su alegría sea completa".

JUAN 15:11

Retorna

Trae de nuevo a la mente la imagen de la fuente seca. Ahora imagina la fuente con agua burbujeando; el agua es tan abundante que comienzan a saltar brotes que parecen que danzan. Agua que danza y se esparce dentro de la cuenca seca hasta que se derrama sobre los lados y se extiende alrededor de toda la fuente. Mantén esa imagen en tu mente durante todo el día. Recuerda que la alegría de Dios espera en tu interior, lista para ser puesta en libertad, para que tú y los que te rodean puedan ser renovados.

Un espacio
de calma
para dar
gracias

Gracias por el hogar

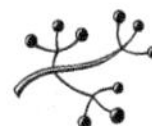

Cálmate

¡Cuán hermosas son tus moradas,
 Señor Todopoderoso!
Anhelo con el alma los atrios del Señor;
 casi agonizo por estar en ellos.
Con el corazón, con todo el cuerpo,
 canto alegre al Dios de la vida.
Señor Todopoderoso, rey mío y Dios mío,
 aun el gorrión halla casa cerca de tus altares;
también la golondrina hace allí su nido,
 para poner sus polluelos.
Dichoso el que habita en tu templo,
 pues siempre te está alabando.

Salmo 84:1-4

Céntrate

Piensa en un lugar de tu casa donde te sientas contenta. Puede ser la habitación, la sala o la cocina. Piensa en este lugar y tráelo tu mente con claridad. Obsérvalo con todos los detalles que puedas recordar. Mantén la imagen cerca por un momento y disfruta de ese lugar.

Ora

Gracias, Dios misericordioso por mi casa. Gracias porque a pesar de que tu propio Hijo no tenía casa, yo he sido bendecida con este lugar para vivir. Gracias por estas paredes, por este techo, por estas ventanas y puertas.

Muchas gracias por esta parte de mi vida. Sé que las cosas materiales no son importantes, que mi verdadero tesoro está en el cielo, pero Dios, este lugar es un tesoro para mí.

Al mirar alrededor de mi casa, pienso en todas las personas que no tienen paredes como estas, pisos, cielos rasos, o un techo. Pienso en ellos con frío y temblando en la oscuridad. Me encanta mi casa, pero mi tesoro no está en mis posesiones, en mis lugares especiales o en mi hogar. Yo podría dejarlos todos, si eso es lo que tú me pides. Hasta que tú me lo pidas, Dios, te agradezco por mi casa.

En mi gratitud, Dios, también te ofrezco una oración por las personas de este mundo que no tienen hogar;

aquellos al otro lado del mar,
en tierras lejanas,
en otras naciones
y en mi propio patio trasero.

Yo no sé cómo orar por estas personas, misericordioso Dios; supongo que me gustaría pedirte que le des un hogar a cada uno. Yo sé que tú puedes hacer eso por tu pueblo.

Yo pertenezco a tu pueblo. Abre mi corazón para que yo pueda compartir mi riqueza y prosperidad con otros. Hasta que lo haga, Dios, te pido que toques a los necesitados con tu mano amorosa.

Escucha

"Les aseguro que todo lo que hicieron por uno de mis hermanos, aun por el más pequeño, lo hicieron por mí".

MATEO 25:40

Retorna

Mientras piensas en tu hogar, eleva en oración a las personas sin hogar. Cuando estés en tu lugar especial de la casa, pide a Dios que te muestre cómo ayudar a las personas sin hogar que te rodean.

Gracias por el empleo

Cálmate

Lo que ganes con tus manos, eso comerás;
gozarás de dicha y prosperidad.

SALMO 128:2

Céntrate

Piensa en tu lugar de trabajo. Luego imagina el escenario cambiando. Tú estás de pie en un campo donde el grano está maduro y está listo para la cosecha. El campo es enorme, se extiende de horizonte a horizonte. Estás sola en este campo.

Ora

Dios que provees, gracias por mi trabajo. Porque con este empleo puedo pagar mis cuentas, alimentar a mi familia y vivir mi vida. Debido a este empleo tengo un propósito cada día, un lugar a donde ir y trabajo para hacer.

Gracias, Dios, por mi trabajo. Muchas personas darían cualquier cosa por tenerlo, porque muchos de ellos no tienen un empleo. Ellos buscan día tras día, esperando encontrar trabajo. Hacen fila en la oficina de desempleados, sintiéndose humillados, marginados por el resto de nosotros.

Gracias, Dios, por mi trabajo.

A veces me canso de las personas en mi trabajo:
de los quejumbrosos y amargados,
de los pesimistas y traidores,
de los acosadores y tramposos
Entonces recuerdo a los otros:
los buenos y trabajadores,
los pacificadores y motivadores,
los que escuchan y animan.
Y estoy agradecida.

Algunas veces alistarme para ir a trabajar cada mañana es un fastidio. Día tras día, mes tras mes; el mismo lugar, la misma gente, el mismo oficio. A veces me canso de todo esto y empiezo a desear no tener este empleo. Pero después hay días cuando me encanta mi empleo, el lugar, la gente y el trabajo.

Dios, gracias por mi trabajo.

Aunque el trabajo se acumule.

Incluso cuando me enfrento a presiones, exigencias y tensiones, cuando no hay suficiente tiempo, no hay suficiente personal, o no hay suficientes recursos, yo te agradezco, porque sé que en Ti tengo la fortaleza para hacer todas las cosas.

Dios, gracias por mi trabajo.

Gracias por la oportunidad que tengo a diario para mostrar tú rostro a quienes me rodean:

a mis compañeros de trabajo y a mis jefes,
a mis empleados y a mis clientes,
a todas aquellas personas con las que estoy en contacto cada día.

Gracias por mi trabajo, Dios proveedor.

Escucha

"Es abundante la cosecha" les dijo, "pero son pocos los obreros. Pídanle, por tanto, al Señor de la cosecha que mande obreros a su campo".

LUCAS 10:2

Retorna

Trae de nuevo a la mente el campo de trigo. Tú eres la trabajadora en ese campo de trigo, ese es tu trabajo y la cosecha depende de ti.

Gracias por este día

Cálmate

Quiero alabarte, SEÑOR, con todo el corazón,
 y contar todas tus maravillas.
Quiero alegrarme y regocijarme en ti,
 y cantar salmos a tu nombre, oh Altísimo.

SALMO 9:1-2

Céntrate

Coloca tus manos en forma de copa e imagina sosteniendo en ellas una pequeña semilla. Cuando miras la semilla, no tienes idea que va a brotar de ella: si será una hermosa flor, una pequeña e insignificante hierba, o un árbol gigante. Esta semilla simboliza las posibilidades que se encuentran en el día de hoy.

Ora

Aquí está el día de hoy, Dios.

No sé lo que el día traerá, a pesar de que me gusta planear lo que hago. Yo tengo mi horario, mi lista de cosas para hacer, mi agenda debidamente programada. Me gusta pensar que tengo este día bajo mi control.

Pero sé que no es siempre así como pasan los días.

Yo sé que voy a ser sorprendida por tristezas, alegrías y desafíos.

Yo sé que hoy voy a enfrentar ambos; problemas y retos.

Yo sé que hoy puede ser simplemente un día común y corriente, o podría ser el día más extraordinario de mi vida.

Y sé que tú eres el único que sabe lo que viene. Así que te ofrezco este día.

(Levanta las manos en forma de copa e imagínate dándole la pequeña semilla a Dios.)

Aquí está el día de hoy, Dios. Te lo entrego a ti, confiando en que tú vas a tomar lo que suceda en este día y lo vas a usar para tu gloria. Yo confió en que sin importar lo que suceda hoy, tú estarás conmigo.

Gracias por este día y por sus numerosas posibilidades. Gracias porque puedo enfrentar este día contigo.

Aquí está el día de hoy, Dios:

Una parte de todos los días que hemos pasado juntos,

una parte de todos los días por venir,
una parte de lo que soy y de dónde estoy en mi viaje,
una parte del plan que tú tienes para mí.
Toma este día. Úsalo para tu gloria. Gracias, Dios.

Escucha

"Aunque es la más pequeña de todas las semillas, cuando crece es la más grande de las hortalizas y se convierte en árbol, de modo que vienen las aves y anidan en sus ramas".

MATEO 13:32

Retorna

Recuerda que le has ofrecido el día de hoy a Dios. Recuerda levantar esa pequeña semilla que representa el día de hoy y entrégala a Dios para ser usada como él lo considere apropiado.

Gracias por tu iglesia

Cálmate

Señor, yo amo la casa donde vives,
el lugar donde reside tu gloria.

SALMO 26:8

Céntrate

Imagínate subiendo las escaleras delanteras de tu iglesia, abriendo la puerta y entrando. Estás completamente sola, de pie en medio del santuario. Observa el mobiliario a tu alrededor, el altar y otros objetos familiares en tu lugar de adoración.

Ora

Gracias, Dios misericordioso, por este edificio, por esta iglesia, por esta casa de oración. Gracias por este lugar donde me puedo reunir con otras personas para orar y para glorificarte.

Gracias por la paz y el alivio que encuentro aquí.

Muchas otras iglesias están a mí alrededor.

otras sectas,
otras creencias,
otros rituales,
otras formas de adorarte.

Me pregunto si este era parte de tu plan; que la gente de tu pueblo pudieran separarse unos de otros, dividirse entre sí, crear muchas iglesias diferentes con diversas congregaciones y variedad de ideas sobre cómo acercarse a Ti.

¿Es la iglesia a la que asisto o la forma cómo te alabo realmente importante? ¿Es importante cómo me acerco a Ti, cómo yo oro, o el aspecto de mi iglesia? No lo creo.

Lo único que importa es que nos unimos como el cuerpo de Cristo;

para adorarte,
para alabarte,
para glorificar tu nombre,
para reconocer a Jesús como nuestro salvador.

Sin embargo te agradezco por mi iglesia. Te agradezco por lo que ella significa para mí, por lo que ha significado para mi familia y por lo que significará para las futuras generaciones. Te doy gracias por los momentos en esta iglesia cuando he experimentado tu presencia viva.

Yo oro por todos los miembros de mi iglesia, Dios. Que todos podamos experimentar un nuevo caminar contigo cuando nos reunimos para adorarte. Coloca en todos nuestros corazones el mismo sentimiento por el camino que tú has trazado para nuestra congregación. Ayúdanos a ver tu propósito claramente. Quita las barreras que se interponen entre nosotros y que nos impiden ser el pueblo que tú quieres que seamos.

Llévate los celos,
la ira,
las discusiones,
las diferencias doctrinales,
la viga en nuestros propios ojos.

Gracias por mi iglesia, Dios proveedor.

Escucha

"Yo te digo que tú eres Pedro, y sobre esta piedra edificaré mi iglesia, y las puertas del reino de la muerte no prevalecerán contra ella".

MATEO 16:18

Retorna

Una vez más imagina que estás de pie sola en medio del santuario de tu iglesia. Luego, lentamente, una por una, empieza a llenar las sillas con gente que conoces. Continúa llenando las sillas con visitantes. Después llena las naves laterales y la parte posterior de la iglesia, hasta cuando tu iglesia este llena y desbordante con el pueblo de Dios.

Gracias por tu pastor

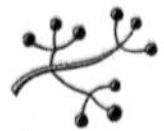

Cálmate

¡Mi herencia eres tú, Señor!
    Prometo obedecer tus palabras.
De todo corazón busco tu rostro;
    compadécete de mí conforme a tu promesa. . . .
Tú, Señor, tratas bien a tu siervo,
    conforme a tu palabra.

Salmo 119:57-58, 65

Céntrate

Imagina a tu pastor o pastora trabajando en un jardín. Obsérvalo (a) moviéndose entre las hileras de plantas, removiendo, desyerbando y excavando. Toma un momento para entender plenamente que tu pastor (a) es un siervo (a) de Jesucristo.

Ora

A menudo me pregunto, querido Jesús, ¿cómo sería la vida como uno de tus ministros? Cómo sería ser más que solamente tu seguidora para ser llamada como:

una pastora,

una sacerdotisa,

una ministra,

o una jardinera que cuida de tu jardín?

Aquí está la persona que tú has llamado y que la iglesia ha ordenado.

Yo siento admiración y asombro por la sensibilidad de mi pastor (a), por su amoroso y compasivo cuidado por la gente a su alrededor. Incluso cuando ellos demuestran menos que amor y compasión a cambio, mi pastor continúa amando, cuidando, orientando, aconsejando, enseñando, guiando y ministrándoles.

Yo me pregunto, Jesús ¿Cómo hace esto? Me pregunto cómo *él/ella* puede continuar enfrentando la adversidad: el poco progreso en el crecimiento espiritual de las personas, desconformidad en la congregación, la amargura, la ira y los sentimientos duros de las personas bajo su cuidado pastoral. ¿Qué se siente al tratar de llevar amor en estas circunstancias?

¡Muchas gracias Jesús por esta persona!

En su rostro veo tu rostro reflejado.

En su bondad, yo siento tu bondad.

En sus palabras, yo escucho tus palabras.
En su ministerio, yo reconozco tu amor.

Gracias por mi pastor. Hoy, en este preciso momento, derrama tu Espíritu Santo sobre *él/ella.* Renueva la fe de mi pastor (a), refresca su espíritu, restaura su energía, levántalo(a) sobre las alas de águilas y llénalo (a) con la certeza de tu amor y de tu poder.

Bendice a mi pastor (a). Gracias, Señor Jesús.

Escucha

"Yo soy la vid verdadera, y mi Padre es el labrador".

JUAN 15:1

Retorna

Retoma la imagen de tu pastor (a) en el jardín. Obsérvalo a él o ella como un gentil y amoroso jardinero, esforzándose para cultivar plantas sanas y hermosas en el jardín que Dios le ha dado para cuidar.

Gracias por el privilegio de la oración

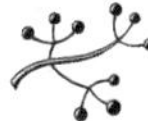

Cálmate

Que suba a tu presencia mi plegaria
como una ofrenda de incienso;
que hacia ti se eleven mis manos
como un sacrificio vespertino.

SALMO 141:2

Céntrate

Imagina dos cosas, una después de la otra:

- humo elevándose en el aire desde una fogata en un día tranquilo.
- lluvia que cae suavemente sobre tu cabeza.

Ora

Amado Hijo de Dios, es muy difícil imaginar cómo sería mi vida sin la oración.

La oración es algo más que un momento de petición, es más que pedir cosas. Es también un tiempo de adoración, un tiempo de alabanza, un momento en que reconozco todo lo que tú eres para mí:

Salvador, Redentor, Pastor,
Consejero, maestro y Sumo Sacerdote,
Estrella de la mañana y Cordero de Dios. . . .

La oración es un tiempo de perdón. Cuando reconozco y confieso los modos en que me he desviado de tu camino, sé que soy perdonada.

La oración es muchas cosas:
es adoración, confesión, acción de gracias,
es perdón, súplica, intercesión,
es hablar, escuchar, implorar,
es risa, es llanto, es canto.

La oración es más que solo palabras. Es mi conexión contigo.

Querido Jesús, cuando yo estoy en oración, me impresiono por la grandeza de lo que estoy haciendo. ¡Me estoy comunicando con el Hijo de Dios! Qué maravillosa idea que yo pueda venir a Ti; y mucho más impresionante, que tú vengas a mí; y, lo más impresionante de todo, es que tú respondes mi oración.

Gracias, Jesús, porque que en mi vida encuentro innumerables espacios tranquilos donde puedo detenerme, decirte algunas palabras y saber que nos hemos conectado en esos pocos minutos.

También te doy las gracias por aquellos momentos en los que puedo venir a reunirme junto con mis hermanos cristianos y orar. Te exaltamos en medio de nosotros. ¡Cómo te agradezco por estas experiencias! Jesús. Ellas son una bendición y un regalo de tu parte.

Escucha

"Cuando oren, no sean como los hipócritas, porque a ellos les encanta orar de pie en las sinagogas y en las esquinas de las plazas para que la gente los vea. Les aseguro que ya han obtenido toda su recompensa. Pero tú, cuando te pongas a orar, entra en tu cuarto, cierra la puerta y ora a tu Padre, que está en lo secreto. Así tu Padre, que ve lo que se hace en secreto, te recompensará. Y al orar, no hablen sólo por hablar como hacen los gentiles, porque ellos se imaginan que serán escuchados por sus muchas palabras. No sean como ellos, porque su Padre sabe lo que ustedes necesitan antes de que se lo pidan".

Mateo 6:5-8

Retorna

Piensa en tus oraciones como el humo que se eleva hasta el cielo y en las bendiciones de Dios, como la lluvia que cae suavemente sobre tu cabeza. Es más lo que desciende que lo que sube.

Gracias por tu cuerpo y por tu salud

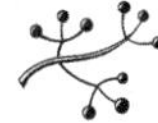

Cálmate

Por eso mi corazón se alegra,
y se regocijan mis entrañas;
todo mi ser se llena de confianza.
No dejarás que mi vida termine en el sepulcro;
no permitirás que sufra corrupción tu siervo fiel.

SALMO 16:9-10

Céntrate

Siéntate en silencio, prestando atención a los latidos de tu corazón. Escucha el ritmo de tu respiración. Interioriza todos tus sentidos y toma conciencia de los ritmos, movimientos y pulsaciones del cuerpo.

Ora

Gracias, Dios Creador, por la vida que me diste. Gracias por tu soplo que me dió la vida.

Tú me conocías incluso antes de que yo existiera; tú me conocías desde el vientre de mi madre.

Gracias por mi salud. Gracias porque puedo respirar, caminar, ver, escuchar. Gracias porque puedo hablar y sentir. Gracias por todas estas bendiciones que tú me has dado.

Mientras estoy sentada aquí escuchando los ritmos internos de mi cuerpo, recuerdo que muchas personas no tienen todas estas capacidades. Mis pocos dolores y malestares no son nada comparados con el sufrimiento de muchas otras personas.

Dios mío, permite que yo esté siempre consciente de lo bendecida que soy por tener este cuerpo. Muchas veces estoy inconforme con mi cuerpo:

no me gusta su forma;
no me gusta su peso;
no me gustan ciertas partes;
no me gusta lo que le pasa;
Me quejo, me molesto, protesto, y me preocupo.

Olvido agradecerte. Por eso, Dios, ahora te doy gracias por mi cuerpo y por la salud que me has dado.

Si mi cuerpo falla, yo confió en que tú cuidarás de mí. No importa lo que me suceda, no importa lo que sienta o lo que le pasa a mi cuerpo, sé que tú estás conmigo.

Siempre estás ahí.

Gracias, Dios, por mí cuerpo y por mi salud.

Escucha

"Por tanto, si todo tu ser disfruta de la luz, sin que ninguna parte quede en la oscuridad, estarás completamente iluminado, como cuando una lámpara te alumbra con su luz".

LUCAS 11:36

Retorna

Continúa siendo consiente de los movimientos y pulsaciones de tu cuerpo. Durante el transcurso del día sigue agradeciéndole a Dios por las funciones vitales de tu cuerpo que te permiten vivir.

Gracias por tu país

Cálmate

Dichosa la nación cuyo Dios es el SEÑOR,
el pueblo que escogió por su heredad.

SALMO 33:12

Céntrate

Piensa en un símbolo de tu país: la bandera, el himno nacional, en algún sitio histórico, el juramento de lealtad, o en un líder nacional. Cualquiera que sea el símbolo, concéntrate en él.

Ora

Te doy gracias, Dios porque soy una ciudadana de este país. Muy pocas veces pienso en lo agradecida que estoy por vivir aquí. Tal vez sólo pienso en ello cuando hay fiestas nacionales. Es cuando los ciudadanos recordamos lo que significa nuestro país, nuestras raíces y nuestra historia. Escuchamos los discursos patrióticos, cantamos el himno nacional y nos sentimos orgullosos de ser ciudadanos de este país.

Pero al escuchar las noticias, leer los periódicos y al ver la televisión, me doy cuenta cuán bendecida soy por ser una ciudadana de éste país. Muchos otros países en el mundo y su gente sufren demasiado.

Guerras, sequías y hambrunas.

Corrupción, dolor y brutalidad.

Terremotos, huracanes e inundaciones.

Ellos me recuerdan a menudo, Dios, lo bendecida que soy. Me recuerdan que a pesar de lo que pueda ver a mi alrededor en este país; crimen, corrupción y desastres, estas son cosas pequeñas en comparación a los sufrimientos que muchas personas experimentan cada día.

Nosotros estamos muy bendecidos como nación.

Gracias por este país.

Gracias por mí libertad para rendirte culto.

Gracias porque puedo votar por mis líderes.

Gracias porque puedo pasar las fronteras dentro de mí país cuando yo lo deseo.

Gracias porque puedo vivir mí vida como yo deseo.

Señor Dios, te pido que estés con nuestros líderes.

Dales sabiduría, guíalos, aconséjalos.

Concédeles a todos los ciudadanos de este país un fuerte sentido de tú presencia y ayúdalos a reconocer que ellos te necesitan.

Gracias por mí país.

Escucha

"Y este evangelio del reino se predicará en todo el mundo como testimonio a todas las naciones, y entonces vendrá el fin".

MATEO 24:14

Retorna

Recuerda el símbolo de tu país. Mientras lo haces, imagina la cruz de Jesús delante del símbolo. ¿Cómo podría el liderazgo de Cristo cambiar tu país?

Gracias por el Viernes Santo

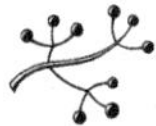

Cálmate

Dios mío, Dios mío,
  ¿por qué me has abandonado?
Lejos estás para salvarme,
  lejos de mis palabras de lamento.
Dios mío, clamo de día y no me respondes;
  clamo de noche y no hallo reposo.

SALMO 22:1-2

Céntrate

Toca la palma de una de tus manos con la otra, apoyando los dedos en el centro de ella. Imagina cómo sería un clavo penetrando esa delicada parte de tu mano. ¿Cómo sería la mano apoyada en un trozo de madera áspero, sintiendo primero la punzada fría del clavo y después el dolor agudo mientras el clavo se incrusta dentro de la madera? Siéntate en silencio por un momento, continúa tocando la palma de tu mano.

Ora

Querido Jesús, Cordero de Dios, no puedo imaginar cómo pudo haber sido esto.

Nosotros hablamos mucho acerca de tú muerte y al
respecto hay;
muchas historias,
muchos documentales,
muchas películas,
muchos libros,
muchos sermones,
muchas discusiones. . .

Tantas formas que tratan de evaluar, de comprender de alguna manera cómo pudo ser ese horrible día.

Y, sin embargo, querido Salvador, estoy aquí palpando la palma de mi mano, tratando de imaginar cómo sería eso. . .

(Permanece en silencio por un momento.)

No es que yo no pueda imaginar tu dolor. Es solo que no puedo imaginar la impotencia, angustia y soledad que tú debes haber sentido en ese momento.

No puedo imaginar por qué no recurriste a las legiones de ángeles para detener toda esa horrible experiencia. Pero no lo hiciste. Tú elegiste hacer el sacrificio.

No entiendo completamente por qué tenías que morir, o qué pasó para haberte ofrecido a Ti mismo, pero sé que tú soportaste todo esto, para que aquí y ahora yo pueda estar alabándote:

Salvada.
Rescatada.
Perdonada.
Qué inmensa consideración;
Hacia mí, con to lo que yo soy,
con todas las cosas que hago,
y con todas las cosas que pienso.
Yo, una hija de Dios. Perdonada. Amada.

Gracias por este día que llamamos Viernes Santo. Gracias por todo lo que viviste y sufriste por mí. Muchas Gracias por hacer lo que fué necesario para que en este momento, dos mil años después, yo pueda decir: "Gracias, Jesús, Salvador, Cordero de Dios que quitas el pecado del mundo".

Escucha

"Porque ni aun el Hijo del hombre vino para que le sirvan, sino para servir y para dar su vida en rescate por muchos".

Marcos 10:45

Retorna

En cada oportunidad que tengas en el día de hoy, toca tu mano y recuerda el sacrificio que Jesús hizo por ti.

Gracias por tu salvación

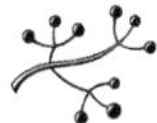

Cálmate

Pero yo confío en tu gran amor;
mi corazón se alegra en tu salvación.

SALMO 13:5

Céntrate

Imagina una cruz de pie en un lugar oscuro. Apenas puedes ver el contorno de una figura en la cruz. Ahora imagina una luz iluminándola, pero nadie está en ella. Contempla por unos momentos la cruz vacía bañada por la luz.

Ora

La cruz está vaciá.

Querido Dios, tú soportaste el sufrimiento y la humillación; pasaste por la agonía de la soledad y la desesperación y dejaste una cruz vacía.

Cristo Jesús, porque voluntariamente entregaste tu vida por los pecados del mundo, yo he sido salvada y redimida, de acuerdo con la voluntad de Dios, he sido perdonada por completo. Debido a que tú hiciste eso, puedo decir que soy cristiana.

No me puedo imaginar cómo sería mi vida sin ti, Cristo.
No sólo en estos momentos que pasamos juntos,
sino también en todos y cada uno de los momentos
de desvelo,
en los momentos espirituales,
en los momentos de reflexión
en cada instante de mi vida.

Tú eres parte de lo que yo soy, de cómo me siento y de cómo pienso, de mis creencias y lo que hago ahora es imposible de imaginar si no te tengo a Ti.

No sé cómo agradecerte, querido Jesús, por este maravilloso regalo de mi salvación. No sé cómo empezar a expresar lo que siento cuando entiendo lo que hiciste por mí; no solo por cada persona en el mundo, pero ¡por *mí*!

Es increíblemente y asombroso que el Hijo de Dios muriera por mí.

Gracias Jesús, por caminar conmigo,
por la distancia que hemos recorrido,
por el camino que queda por recorrer.

Hoy me pongo en tus manos. Al hacer esto, reconozco que eres mi salvación y que debido a la cruz vacía, yo te pertenezco a Ti.

Escucha

"Yo les doy vida eterna, y nunca perecerán, ni nadie podrá arrebatármelas de la mano".

JUAN 10:28

Retorna

Continúa pensando acerca de la cruz vacía y en su significado para tu vida.

Gracias por tu seguridad

Cálmate

Pero que se alegren todos los que en ti buscan refugio;
¡que canten siempre jubilosos!
Extiende tu protección, y que en ti se regocijen
todos los que aman tu nombre.
Porque tú, SEÑOR, bendices a los justos;
cual escudo los rodeas con tu buena voluntad.

SALMO 5:11-12

Céntrate

Imagínate siendo cuidada muy de cerca por alguien que se preocupa por tu seguridad y bienestar. Siente cómo te sostiene y te mece suavemente. Escucha sus suaves susurros que te dan seguridad y el sonido de una canción de cuna.

Ora

Hoy tuve miedo, Dios, mucho miedo. Pensé que yo estaba en peligro y que mi vida estaba en riesgo. Pero ahora estoy aquí, hablando contigo. El peligro ha pasado y me siento segura.

No me había dado cuenta que tan asustada podría estar. Y con el temor llegó una ira terrible.

Supongo que nunca pensé que algo malo podría pasarme a mí o a mi familia.

Siendo cristiana, creí que estaría protegida del tipo de miedo que experimenté hoy.

Puesto que Tú estás siempre conmigo, pensé que no iba a experimentar las cosas malas de este mundo.

Yo estaba equivocada. Es por eso que me sentía tan enojada y asustada. Me preguntaba si iba a vivir, si ese era el momento en que podría finalmente verte cara a cara. Y estaba muy enredada en mi miedo para anticipar ese momento.

A pesar de todo esto, Dios protector, tú me mantuviste a salvo.

Tú estabas conmigo.
  Tú me guiaste.
    Tú me sostuviste.
      Tú me cargaste.

¡Cómo te agradezco por tu amorosa presencia y cuidados! Gracias por estar conmigo siempre, incluso en los momentos de peligro y miedo.

Gracias, Dios mío.

Escucha

"Así mismo sucede con ustedes: aun los cabellos de su cabeza están contados. No tengan miedo; ustedes valen más que muchos gorriones".

LUCAS 12:7

Retorna

Siéntate en calma para percibir el profundo, cálido y acogedor amor del Dios bondadoso, mientras piensas en él sosteniéndote firmemente y reconfortándote.

Un momento
de calma para
orar por las
tensiones de la vida

Cuando tienes mucho que hacer

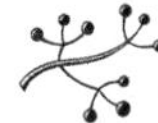

Cálmate

Bendito sea el Señor, nuestro Dios y Salvador,
que día tras día sobrelleva nuestras cargas.

SALMO 68:19

Céntrate

¿Recuerdas cómo las películas antiguas indicaban el paso del tiempo? Mostraban un calendario que pasaba rápidamente las páginas, una tras otra, día tras día, mes tras mes. Imagínate un calendario como ese, pero que en cada página tiene una lista de asuntos pendientes. Ves páginas tras páginas, listas y más listas de quehaceres, la lista es infinita y aún hay más por hacer. Por un momento observa la interminable lista pasando rápidamente por tu mente.

Ora

Querido Jesús, me doy cuenta de que mi vida es como ese calendario de páginas con listas tras listas de cosas por hacer. Cada mañana al levantarme, mi primer pensamiento no es acerca de ti, sino acerca de todo lo que debo hacer durante el día.

Incluso antes de levantarme, no pienso en Ti, tampoco pienso en mí, yo no pienso en nada más que en la lista de asignaciones para hacer antes de que el día se termine.

¡No es extraño que me levante con carreras en mi mente y mi corazón latiendo con fuerza!

¿Eres tú, querido Salvador mi último pensamiento cuando el día termina? No, porque estoy preocupada por todo lo que no terminé de hacer hoy y además ya estoy pensando en todo lo que debo hacer mañana.

Quiero detenerme. Quiero sacar mi cerebro de la eterna lista de tareas pendientes. Quiero liberarme de las carreras de cada día.

Este no es el camino que tú pretendías para mí, tener cada hora de cada día completamente llena de cosas por hacer:

cosas que quiero hacer,

cosas que no quiero hacer,

cosas que otras personas esperan que yo haga,
cosas que sé qué debo hacer,
cosas que me han dado para hacer,
siempre algo por hacer

¡Quiero detenerme! Quiero respirar profundo y dejar que todo esto se vaya. Quiero sentir la libertad de tener un día delante de mí, en el cual haya suficiente tiempo y suficiente espacio para dejarte entrar.

Querido Jesús, durante el día de hoy ayúdame a calmar todos los pensamientos que llenan mi cabeza; a donde tengo que ir, lo que tengo que atender y lo que debo hacer. En su lugar, en lugar de ellos, dame tu sentido del orden, de tu paz y de tu tiempo.

Ayúdame a entender que tú estás al mando, y puedo confiarte mi día. Ayúdame a comprender que nada en mi lista de tareas pendientes es importante si no es lo que tú quieres que yo haga.

Te entrego todas mis tareas y confío en Ti para poner orden en ellas. En estos momentos, querido Jesús, ven a mí, quédate conmigo, y libérame de la opresión del "quehacer".

Escucha

"Vengan a mí todos ustedes que están cansados y agobiados, y yo les daré descanso. Carguen con mi yugo y aprendan de mí, pues yo soy apacible y humilde de corazón, y encontrarán descanso para su alma. Porque mi yugo es suave y mi carga es liviana".

Mateo 11:28-30

Retorna

Retoma la imagen del calendario que pasa con rapidez páginas de listas de tareas pendientes. Imagina que las páginas del calendario dejan de girar y la lista en la primera página desaparece lentamente hasta que sólo queda una página en blanco. Esta página es el día hoy.

Imagina que Jesús y tú deciden juntos lo que se debe hacer hoy: cómo hacerlo, cuándo hacerlo, o simplemente no hacerlo. Si te sientes presionada a medida que transcurre el día, porque tienes mucho que hacer, recuerda la imagen de la página en blanco del calendario. Deja que te recuerde que Jesús puede ayudar a organizarte a través del día.

Cuando no hay tiempo para ti y tus necesidades

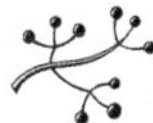

Cálmate

Pero yo, Señor, en ti confío,
 y digo: «Tú eres mi Dios».
Mi vida entera está en tus manos;
 líbrame de mis enemigos y perseguidores.

Salmo 31:14-15

Céntrate

Imagina un enorme reloj que mueve sus agujas rápidamente. La aguja que marca las horas corre de una hora a otra, el minutero gira violentamente y el segundero es tan rápido que es borroso. Observa el movimiento de las agujas del reloj por un momento; luego imagina que se detienen de repente.

Ora

Dios fiel y confiable, estas carreras del reloj se ven como mis días. El tiempo corre sin que quede espacio para lo que yo quiero hacer. Siempre parece haber tiempo suficiente para todos los demás y para las cosas que esperan que yo haga. Incluso parece haber tiempo para las cosas que no quiero hacer. Pero nunca hay tiempo para mí.

¿No soy yo importante? ¿No hay ningún momento en este día de veinticuatro horas que pueda llamar mío? Seguramente debe haber uno o dos minutos que puedo tener sólo para mí.

¿Un minuto o dos? A eso se reduce, ¿no es así? Un minuto o dos para mí.

Dios, estoy cansada de tratar continuamente de encontrar tan sólo unos minutos para mí. Me molesta que todo el mundo esté controlando mi tiempo y me enfado cuando otros esperan más de mi tiempo. ¡Yo también necesito tiempo!

Yo sé que tú te preocupas por mí. ¡Incluso sabes el número de cabellos de mi cabeza!

Sé que me sostienes en tus manos.

Yo sé que tú eres el Creador del universo y que el tiempo está en tus manos.

Si yo sé todas estas cosas, Señor, ¿por qué no puedo creer que puedes encontrar tiempo para dármelo a mí?

Todo lo que puedo hacer es confiar en que de alguna manera, en algún lugar, en este día, tú me darás el regalo del tiempo: el tiempo justo para mí y para nadie más. Ruego para que en ese pequeño espacio de tiempo, yo te encuentre.

Escucha

"Todo cuanto tiene el Padre es mío. Por eso les dije que el Espíritu tomará de lo mío y se lo dará a conocer a ustedes".

JUAN 16:15

Retorna

Deja que la imagen del reloj detenido te recuerde que en cualquier momento Dios puede darte el regalo de tiempo; si tú se lo pides. Durante todo el día, céntrate en la imagen del reloj y busca el regalo de tiempo que te espera.

Cuando estás esperando por alguien que no llega

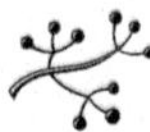

Cálmate

Pon tu esperanza en el Señor;
 ten valor, cobra ánimo;
 ¡pon tu esperanza en el Señor!

Salmo 27:14

Céntrate

Siéntate en calma, toma conciencia de todos los movimientos de tu cuerpo. Si hay ruido o movimiento a tu alrededor, neutralízalos lo mejor que puedas. Si estás en un lugar donde puedas cerrar los ojos, hazlo y concéntrate en el ritmo de tu respiración. (Respira profunda y lentamente).

Ora

Estoy esperando a *esta persona*, Dios y estoy empezando a sentirme ansiosa por *él/ella*. También estoy enojada porque me molesta pasar este tiempo esperando.

Quiero hacer algo útil con este tiempo, pero mi ira y la ansiedad se interponen en el camino. Sigo preguntándome dónde está *esta persona* y por qué no ha llamado. Mi ira y mi ansiedad van en aumento. A *esta persona* no debe importarle mi tiempo. Si le importara, yo no estaría sentada aquí ahora. No es la primera vez que he esperado por *esta persona*. Es como si

su tiempo es más importante que el mío,
sus necesidades son más importantes que las mías,
sus sentimientos son más importantes que los míos.

Así que me quedo aquí. . . esperando.

Yo no soy buena esperando. Me preocupa que algo le haya ocurrido algo a *esta persona*. ¿Ha tenido *él/ella* un accidente? Me imagino todo tipo de escenas horribles. Entonces me enfado. Esto es lo más difícil de todo:

Me imagino que *él/ella* se ha olvidado de nuestra cita,
que se entretuvo en algo
más interesante que estar conmigo,
que a *él/ella* no le importa lo que yo
pueda sentir o pensar.

Así que estoy aquí sentada, esperando. Haciendo nada. ¡Dios!, me acabo de dar cuenta de lo que podría estar haciendo ahora mismo. En lugar de preocuparme y sentirme enojada con esta persona, ¡yo podría estar orando por *ella*! Qué maravillosa oportunidad caída del cielo: un regalo especial de tiempo que me has dado. No es tiempo para estar esperando, preocupándome o impacientándome, pero es tiempo para orar por *esta persona*.

Así que te ofrezco a *esta persona*. La veo espiritualmente y me preocupo por *ella*. Pido que *la* bendigas, *tócala*, pido que estés con *él/ella* de una manera tangible en este momento, mientras me siento aquí esperando, esperando, esperando. . . y orando.

Escucha

Por eso Jesús les dijo:

"Para ustedes cualquier tiempo es bueno, pero el tiempo mío aún no ha llegado".

Juan 7:6

Retorna

Siempre que tengas que esperar por alguien o por algún evento, toma tiempo para orar especialmente por la persona o por el evento. Toma el tiempo de espera como una oportunidad que Dios te da para crear un espacio en el que puedas sentarte en silencio y poner tus peticiones ante el Trono de Gracia.

Cuando estás preocupada por el dinero

Cálmate

Bendeciré con creces sus provisiones,
y saciaré de pan a sus pobres.

SALMO 132:15

Céntrate

Toma un momento para pensar en todas las áreas donde tienes preocupaciones de dinero. A medida que cada pensamiento te viene a la mente, imagínate escribiendo la preocupación sobre un trozo de papel. Obsérvate a ti misma colocando cada pieza de papel en las manos abiertas de Jesús.

Ora

Aquí están Jesús, todas las cosas que me preocupan; deudas, pagos, facturas, cuentas. . .

Me siento culpable por tener tantas preocupaciones de dinero en mi vida. Siento que te he decepcionado por tener que preocuparte por algo tan mundano. Sé que hay otros que están más afectados de lo que yo estoy:

Ellos luchan contra mayores opresiones que yo,
viven en una pobreza que ni siquiera puedo imaginar.
Yo sé estas cosas y sin embargo. . .

Tengo cuentas que pagar y no hay suficiente dinero para pagarlas. Esa es la base de mis preocupaciones. Todas las justificaciones del mundo no pueden cambiar ese hecho.

Es por eso que me siento tan desesperada. Los pensamientos en el dinero: ¿Cuánto tengo? ¿Cuánto necesito? ¿Cuánto quiero tener? Se mantienen flotando en mi mente. Me parece que no puedo escapar de ellos.

Estos pensamientos me consumen, borrando todos los demás pensamientos; para los que me rodean y para Ti.

Esto no debería ser así. Siento que estoy siendo aplastada por el peso de mis pensamientos sobre el dinero. Pido por mi libertad en este momento, querido Jesús. Libérame hoy. Te entrego estas preocupaciones, las coloco en tus preciosas manos cicatrizadas por los clavos. Confío en que las saques de mí. En su lugar, por favor, dame la libertad que viene de saber que tú te preocupas y que cuidas de mí. Recuérdame con frecuencia que tú sabes mis necesidades y que vas a proveer para ellas.

Escucha

"Fíjense cómo crecen los lirios. No trabajan ni hilan; sin embargo, les digo que ni siquiera Salomón, con todo su esplendor, se vestía como uno de ellos. Si así viste Dios a la hierba que hoy está en el campo y mañana es arrojada al horno, ¡cuánto más hará por ustedes, gente de poca fe"!

LUCAS 12:27-28

Retorna

Reflexiona sobre la verdad de las palabras de Jesús y siente la libertad que ellas te dan. Durante el día, cuando una preocupación por el dinero te llegue a la mente, visualízala escrita en un pedazo de papel, y coloca mentalmente el papel en las manos de Jesús. Continuamente entrégale tus preocupaciones a él, incluso si tienes que hacerlo diez o veinte veces. Cada vez que lo hagas, agradece a Jesús por la libertad de las preocupaciones que te ha prometido.

Cuando te sientes desorganizada

Cálmate

Me empujaron con violencia para que cayera,
    pero el Señor me ayudó.
El Señor es mi fuerza y mi canto;
    ¡él es mi salvación!

Salmo 118:13-14

Céntrate

Imagina que estás en el mismo lugar donde te encuentras ahora, pero cada espacio de esa habitación está desordenado y es un revuelto de cosas. Imagina bolsas repletas en cada esquina; montones de papeles que cubren cada espacio disponible; cajas rebosadas que dejan caer su contenido en el suelo. Observa este hacinamiento, observa en tu mente la habitación desordenada.

Ahora imagina una brisa cálida soplando suavemente a través de la habitación. A medida que sopla, los artículos comienzan a ponerse en orden. Los cajones se cierran, las cajas desaparecen, los documentos se reorganizan y la habitación se convierte en un espacio tranquilo y ordenado.

Ora

Mi vida se siente tan desorganizada, Espíritu Santo. Parece como si todo a mí alrededor se está acumulando. No son sólo los cajones que necesitan ser reorganizados, la cocina que necesita limpieza, o el montón de cosas en el garaje que necesitan ser clasificadas; es todo:

mi horario diario repleto de tareas,
mi casa pidiendo a gritos una limpieza profunda,
mi oficina con cajas llenas y basura amontonada.
Incluso mis relaciones están desorganizadas.

Me siento desarticulada, fuera de control, fuera de contexto. Trae orden a mi vida. Ayúdame a organizar todas las cosas a mi alrededor.

Ayúdame a ver lo que necesita ser conservado,
lo que necesita ser desechado,
y lo que debe ser cambiado.

Ayúdame a organizar mi vida poniendo las cosas donde tienen que estar, sacándolas de los lugares donde no deberían estar y cambiándolas a donde deberían estar.

Oh Espíritu Santo, aun cuando digo esto, siento miedo. Yo sé que las cosas tienen que cambiar. Sé que, en el fondo en mi corazón, la desorganización de mi vida es síntoma de una desorganización más profunda.

Necesito tu brisa suave para que toque mi vida espiritual. Necesito tu viento fuerte para poner orden a través de las situaciones estancadas que no quiero enfrentar. Necesito tu calmada presencia cuando trato de lidiar con las oraciones que no expreso, con los deseos insatisfechos, con las emociones no reconocidas que he escondido.

Espíritu Santo, ven ahora, en este momento e inicia en el fondo de mi corazón el proceso de organización. Comienza a barrer los rincones oscuros, fíltrate a través de los armarios repletos y sopla a través de todos mis lugares oscuros. Puedes soplar a través de mi vida todos los días. A través de tu poder, pon orden a todo el caos a mi alrededor.

Escucha

"Marta, Marta" le contestó Jesús, "estás inquieta y preocupada por muchas cosas, pero sólo una es necesaria. María ha escogido la mejor, y nadie se la quitará".

LUCAS 10:41-42

Retorna

A lo largo del día cuando te encuentres con síntomas de tu desorganización, cierra los ojos e imagina el viento del Espíritu Santo que sopla a través de ella. A medida que el viento sopla, recibes claridad sobre cómo tratar con la desorganización.

Cuando vives aplazando

Cálmate

Y ahora, Señor, ¿qué esperanza me queda?
¡Mi esperanza he puesto en ti!
Líbrame de todas mis transgresiones.
Que los necios no se burlen de mí.

SALMO 39:7-8

Céntrate

Imagínate caminando en el agua a medida que intentas cruzar un arroyo. De repente el agua se vuelve espesa y fangosa. Donde el agua fue una vez clara y brillante, ahora es oscura y espesa. El agua se vuelve cada vez más turbia hasta que se convierte en un lodazal espeso. Eres incapaz de moverte.

Ora

Esa soy yo, Señor Jesús; atrapada en el medio de la corriente. Sé que tengo cosas que hacer, lugares para ir y gente a la que debería llamar, escribir o visitar.

Sin embargo, estoy atrapada en medio de la corriente.

Es como si estoy entre barro espeso. Me parece que no puedo hacer lo que tengo que hacer. Sigo posponiendo los asuntos. Mantengo la esperanza de que mañana voy a querer hacerlos.

Y cuando llega el mañana, nada ha cambiado. Continúo atrapada en el barro, aún en el medio de la corriente, todavía con la esperanza de sentirme mejor mañana. Simplemente no puedo ponerme en marcha. Miro todo lo que estoy posponiendo, y experimento un abrumador sentimiento de culpa.

Todavía estoy atrapada en medio de la corriente. No sé por qué pospongo las cosas. No sé lo que me hace ser incapaz de tomar una decisión, seguir adelante, o hacer lo que tiene que hacerse. No sé si la causa es el miedo, la pereza, la ira, fatiga o aburrimiento.

Sólo sé que estoy atascada en medio de esta corriente.

Cristo Jesús, necesito que me ayudes a seguir adelante. Necesito tu ayuda para salir de este lodo de indecisión y aplazamiento.

No puedo hacer esto sola. Ayúdame a dar ese salto de fe. Ayúdame a no mirar hacia abajo al barro alrededor de mis pies, pero tú delante de mí, llamándome.

Sácame del centro de la corriente, Cristo Jesús.

Escucha

"Por tanto, todo el que me oye estas palabras y las pone en práctica es como un hombre prudente que construyó su casa sobre la roca. Cayeron las lluvias, crecieron los ríos, y soplaron los vientos y azotaron aquella casa; con todo, la casa no se derrumbó porque estaba cimentada sobre la roca".

MATEO 7:24-25

Retorna

Cuando te encuentres aplazando las cosas, cierra los ojos e imagina que tus pies se pegan en el barro grueso de la indecisión o del temor. Luego observa el pantano disolverse en agua transparente y cristalina. Camina a través de ella hacia la orilla del otro lado y comienza la tarea que tienes que hacer.

Cuando te sientes agobiada

Cálmate

Extendiendo su mano desde lo alto,
tomó la mía y me sacó del mar profundo.

Salmo 18:16

Céntrate

Imagina que estás en un barco que se mece violentamente sobre las olas agitadas de un océano hostil. Entonces las olas se convierten en olas tranquilas; el barco se mueve suavemente con el agua. Siente el ritmo del barco cuando se levanta y cae, como meciendo una cuna. Siéntete relajada.

Ora

Dios siempre presente, gracias por estar aquí conmigo en este momento. En el caos de mi vida, a menudo olvido que estás siempre conmigo, siempre tratando de traerme paz.

La gente espera mucho de mí y de mi tiempo. Me enfrento con

exigencias de los demás,
necesidades de los demás,
expectativas de los otros,
siempre "otros".

Tengo mucho que hacer; tengo muchas responsabilidades sobre mis hombros. Me siento abrumada, como si el mundo que me rodea está agitado, estrellándose en el mar; y yo estoy a la deriva en un bote pequeño, incapaz de contener las olas que se cierran sobre mí.

Sólo tú puedes poner orden en este caos. Solo una palabra tuya, Dios Todopoderoso y sé que los mares se calmarán y que voy a estar a salvo. Yo lo sé, pero todavía tengo miedo de soltar el timón y confiar en Ti.

Mi mente da vueltas alrededor de las muchas preocupaciones que tengo:

¿Qué pasa si no logro terminar algo?
¿Qué pasa si alguien está enojado por mis acciones?
Y si . . . ?

Incluso mientras digo estas palabras, puedo oír lo tontas que son. Tú, el Dios de mi vida, eres también el Dios del orden. Trae orden en mi vida, y mientras lo haces, encárgate de todas esas preocupaciones que se levantan a mi alrededor como las olas en una tormenta. Calma los mares de mi ajetreo; aquieta las aguas de mis "quehaceres." Permíteme flotar sobre las olas suaves de tu amor y tu cuidado.

Como lo hiciste con Pedro, dame el valor para pasar audazmente sobre las aguas a mí alrededor, sabiendo que nunca vas a dejar que me hunda por debajo de ellas. Aquí, en este espacio de calma, extiendo mi mano hacia Ti, sintiendo tu poder, la fuerza de tu voluntad.

Gracias, Dios, porque la misma mano que calmó las aguas sostiene mi mano.

Escucha

"Yo les he dicho estas cosas para que en mí hallen paz. En este mundo afrontarán aflicciones, pero ¡anímense! Yo he vencido al mundo".

JUAN 16:33

Retorna

Durante el día, imagínate en un mar calmado, silenciosamente meciéndote en un pequeño bote.

Cuando quieres que el tiempo pase rápidamente

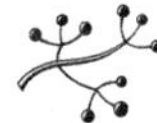

Cálmate

El SEÑOR reina, revestido de esplendor;
　　el SEÑOR se ha revestido de grandeza
　　y ha desplegado su poder.
Ha establecido el mundo con firmeza;
　　jamás será removido.

SALMO 93:1

Céntrate

Imagina que estás en un tren que viaja lentamente a través del campo. Estás disfrutando la vista desde una ventana. Luego, el tren comienza a acelerar; más rápido y más rápido hasta que el paisaje exterior se vuelve borroso. Ya no ves dónde has estado, dónde te encuentras, o a dónde vas. Todo lo que ves afuera es difuso.

Ora

Dios, me parece que paso toda mi vida queriendo adelantarme. Siempre estoy pensando en mañana, la próxima semana, el próximo mes, el próximo año. Siempre estoy deseando que el tiempo pudiera pasar de prisa.

Rara vez estoy aquí,
en este momento,
a esta hora,
siendo parte de lo que me rodea.

Mi mente está siempre en otro lugar, donde sea. Sigo deseando que el reloj pudiera adelantarse para poder obtener lo que yo más quiera, que yo pueda disfrutar lo que sea que estoy deseando, que yo pueda ir a donde quiero ir.

Yo no estoy aquí.

Paso por alto gran parte de mi vida, por no vivir en el presente:

tantas cosas que no veo a mi alrededor,
tanta gente que nunca toco,
tantos momentos que ignoro ahora
porque no son parte de mi futuro.

En cambio, miro el reloj y deseo que el tiempo pudiera pasar de prisa. Miro el reloj y deseo estar lejos.

Yo nunca estoy aquí.

Tal vez es por eso que a veces me resulta difícil conectarme contigo, Dios, porque la conexión contigo es algo que sucede aquí y ahora; y yo nunca estoy aquí, siempre estoy en el futuro.

Ayúdame a estar aquí en el presente. Ayúdame a disfrutar de este momento, en este mismo segundo, en este mismo milisegundo.

Recuérdame que la vida abundante que tú ofreces es ahora. Recuérdame que mañana se hará cargo de sí mismo y que el día de hoy es todo lo que tengo.

Déjame disfrutar mi jornada hoy. Retira de mi mente todos los pensamientos acerca de lo que preferiría estar haciendo o dónde me gustaría estar en este momento. Quita de mí la urgencia de empujar el tiempo hacia adelante. Ayúdame a calmarme y a simplemente ser yo.

Escucha

"Pero en cuanto al día y la hora, nadie lo sabe, ni siquiera los ángeles en el cielo, ni el Hijo, sino sólo el Padre".

MATEO 24:36

Retorna

Imagínate el tren desacelerando de tal manera que el paisaje afuera se hace evidente. Por lo tanto está disponible para que puedas verlo y disfrutarlo. A lo largo del día a medida que sientas que estas corriendo y deseando que el tiempo pase de prisa, vuelve al tren, quédate quieta, y disfruta de la vista desde la ventana.

Cuando estás ansiosa

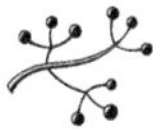

Cálmate

Cuando en mí la angustia iba en aumento,
tu consuelo llenaba mi alma de alegría.

SALMO 94:19

Céntrate

Imagina una piscina de agua inmóvil y oscura. Luego una pequeña piedra cae en el centro de la piscina. Algunas ondas de movimiento comienzan a extenderse hacia los bordes exteriores de la piscina. Otra piedrita cae. Más ondas. Otro guijarro más. Más ondas. Finalmente, la piscina está cubierta con ondas rebotando unas con otras, adelante y atrás, arriba y abajo, de lado a lado, de borde a borde.

Ora

Me gustaría que mi vida fuera como la piscina de agua inmóvil. Dios, pero me temo que es más como la que tiene todas las ondulaciones. Todos mis pensamientos acerca de *esta situación* son como piedras que caen en la quietud de mi vida. Las ondas se propagan de una parte de mi vida a otra hasta que cada momento es consumido por pensamientos, inquietudes, preocupaciones acerca de *esta situación.* No puedo pensar en nada más, sólo en *esta situación* y mi vida está llena de ondas perturbadoras. Y no me puedo concentrar en Ti.

Dios Todo Poderoso, quiero librarme de todas la ondas de inquietudes y preocupaciones. De la única manera como puedo hacerlo es deteniendo la caída de las piedras del pensamiento en mi piscina. Y Dios, no sé cómo hacerlo.

Necesito tu ayuda.

Ayúdame a ver cuán destructiva es la preocupación.

Ayúdame a ver en la piscina las perturbaciones que todos estos pensamientos causan.

Ayúdame a darme cuenta que Tú eres él único que puede detener mi ansiedad.

Ayúdame a comprender que todos mis pensamientos no harán ni una pequeña diferencia en *esta situación.*

Ayúdame a poner estos pensamientos a un lado.

Dios, en este momento, vuelvo mis ojos de nuevo a Ti. En este momento, dejo mis pensamientos sobre *esta situación* y me concentro en Ti, solo en Ti, mi Dios.

En este momento, confío en que tú estás trabajando en mí y en mis pensamientos. Confío en que me vas a ayudar durante el día de hoy y en los próximos días para dejar a un lado los pensamientos sobre *esta situación* y en su lugar, pensar sólo en Ti y en tu amor hacia mí. Gracias, Dios, por devolver la calma y la paz a la piscina de mi vida.

Escucha

"¿Quién de ustedes, por mucho que se preocupe, puede añadir una sola hora al curso de su vida? Ya que no pueden hacer algo tan insignificante, ¿por qué se preocupan por lo demás?"

LUCAS 12:25-26

Retorna

Durante el día, cuando tus pensamientos vuelvan a *tu situación*, cierra los ojos e imagina brevemente la piscina cubierta de ondas. Imagina las ondas suavizándose lentamente y desapareciendo hasta que la piscina se convierte en un espacio tranquilo y quieto.

Cuando se te hace tarde

Cálmate

Respóndeme, SEÑOR, por tu bondad y tu amor;
por tu gran compasión, vuélvete a mí.

SALMO 69:16

Céntrate

Imagínate caminando despacio y cómodamente en una caminadora para hacer ejercicio que está en un cuarto grande y vacío. Entonces la cinta comienza a acelerar. Estás teniendo dificultades para mantener el ritmo. Comienzas a correr. La cinta de la caminadora se acelera más y empiezas a correr un poco más rápido. La cinta se acelera aún más. Empiezas a sentirte desesperada porque no puedes continuar más.

Ora

Señor Jesús, ¿por qué siempre siento que estoy corriendo contra el reloj? ¿Por qué cada momento de mi día es una carrera contra el tiempo?

¿Por qué estoy siempre corta de tiempo?

¿Por qué estoy siempre llegando tarde?

¿Por qué estoy tan cansada?

Simplemente tengo demasiado que hacer. No importa cuánto planifico. Hago todas las cosas correctas. Diseño mi día, pongo mis tareas en orden de prioridad, incluyo mis citas y dejo tiempo para lo inesperado. Y aun así, siempre estoy llegando tarde.

En algún lugar, de alguna manera esta locura tiene que parar. ¿Pero cómo? Me siento impotente. No sé qué hacer. Sólo sé que no me gusta vivir de esta manera. Y ahora mismo, Señor Jesús, estoy llegando tarde. Otra vez.

Jesús, ¡me rindo! Renuncio a tratar de tomar el control de mi tiempo, a tratar de poner algo de orden en mi horario. Elevo mis preocupaciones hacia Ti. Mis planes, mis compromisos, mis citas, mis calendarios, mis listas; todos ellos son tuyos.

Y, sobre todo, te entrego este momento cuando se me está haciendo tarde.

Querido Jesús, toma mi horario diario. Pon tu mano sobre él y organízalo. Confío en ti para que te ocupes del tiempo que tengo. Confío en ti para que me ayudes a ir donde tenga que ir, a hacer lo que tenga que hacer, todo con el sentido del tiempo que sólo tú puedes darme. Señor Jesús. Voy a dejar de correr. Gracias Jesús.

Escucha

Jesús se dirigió entonces a los judíos que habían creído en él, y les dijo:

"Si se mantienen fieles a mis enseñanzas, serán realmente mis discípulos; y conocerán la verdad, y la verdad los hará libres".

JUAN 8:31-32

Retorna

Cada vez que empieces a sentirte acelerada, apresurada, o que vas tarde, imagínate a ti misma en la máquina caminadora, desacelerando hasta que puedas caminar cómodamente. Puedes estar segura que Jesús tiene tu tiempo en sus manos.

Un espacio
de calma
para orar
por una relación

Tu relación con la pareja de tu vida

Cálmate

Esperamos confiados en el Señor;
  él es nuestro socorro y nuestro escudo.
En él se regocija nuestro corazón,
  porque confiamos en su santo nombre.
Que tu gran amor, Señor, nos acompañe,
  tal como lo esperamos de ti.

Salmo 33:20-22

Céntrate

Siéntate en silencio, deja que tu mente se llene de imágenes de tu pareja. Imagina a *esta persona* en diversas circunstancias:

con los amigos, a solas contigo, con tu familia. Elige una imagen que te haga sentir contenta. Disfruta de revivir los sentimientos de ese momento.

Ora

Aquí está *esta persona*, Dios.

Cuando era una niña, yo creía saber quién sería el compañero de mi vida: un príncipe encantador o un caballero de brillante armadura. No esperaba encontrar a alguien como *esta persona*. Gracias por traer a *esta persona* a mi vida.

Gracias por los momentos maravillosos que hemos pasado juntos. Gracias por las lágrimas, las risas, las tristezas, las alegrías y por el amor que siempre está entre nosotros.

Gracias por la vida que hemos construido juntos.

Gracias por todo lo que hacemos juntos.

Gracias por que estamos juntos.

Ruego, Dios, para que estés en nuestra relación y para que seas parte de lo que nosotros somos. Crea una unión fuerte entre nosotros, de manera que lleguemos a ser un cordel de tres hilos que no se rompe fácilmente.

Crea un cordel tan fuerte que juntos; Tú, *esta persona* y yo, seamos capaces de soportar todo lo que encontremos delante de nosotros.

Crea un cordel tan suave que será una fuente de alegría para nosotros mientras continuamos en el camino de la vida.

Crea un cordel tan resistente que siempre nos mantendrá unidos a ti, por tanto ningún poder en la tierra puede destruirlo.

Gracias, Dios, por *esta persona* y por la relación que nos has dado.

Escucha

"Por eso dejará el hombre a su padre y a su madre, y se unirá a su esposa, y los dos llegarán a ser un solo cuerpo".

MATEO 19:5

Retorna

Imagina un cordel grande y grueso, hecho de tres hebras trenzadas entre sí. Este fuerte cordel los une a los tres; a ti, a tu pareja y a Dios. Recuerda esta imagen en los momentos en que te sientas triste, enojada, decepcionada, o preocupada por tu relación con tu pareja.

Tu relación con tu hijo

Cálmate

El Señor afirma los pasos del hombre
  cuando le agrada su modo de vivir;
podrá tropezar, pero no caerá,
  porque el Señor lo sostiene de la mano.

Salmo 37:23-24

Céntrate

Trae a tu mente una imagen de tu hijo, una imagen de un momento en el que ambos estaban felices. La imagen no tiene que ser reciente. Puedes recordar a tu hijo como un bebé, como un niño, como un niño en edad preescolar, en edad escolar o como un joven. Concéntrate en esta imagen durante unos momentos, revive ese sentimiento de felicidad.

Ora

Aquí está mi hijo, Dios misericordioso.

Te agradezco por él.

Gracias por permitirme ser parte de su vida.

Gracias por la alegría que me da y por los retos que él me ha traído.

Gracias por mi hijo.

Lo miro y veo al hombre en que se convertirá o que es y me regocijo, Dios, gracias por su vida.

Te doy gracias, porque me has elegido para ser su madre. A veces él y yo no estamos de acuerdo, pero amo a mi hijo. Ya sea que ahora es un momento difícil o un buen momento en nuestra relación, este es el tiempo que nos has regalado.

Dios misericordioso, te pido que permanezcas entre mi hijo y yo. Deseo que todo lo que digo, todo lo que hago, todo lo que pienso, sea filtrado a través de ti antes de que llegue a él. Rodea todos mis pensamientos y todas mis acciones con tu amor antes de que ellos alcancen a mi hijo.

Sé un intermediario entre nosotros,
un camino de amor que nos une,
una parte de nuestro vínculo,
un canal para todos nuestros pensamientos
y para nuestros sentimientos.

Independientemente de nuestra relación actual, te pido que fortalezcas el vínculo entre mi hijo y yo. Si el vínculo es débil y está roto, ayúdame a encontrar la manera de repararlo. Si la unión es fuerte y segura, te pido que la refuerces.

Ayúdame, Dios, a continuar mi camino educando a mi hijo, ayúdame a guiarlo y a servirle como un refugio cálido y seguro cuando esté angustiado.

Poderoso Dios, coloca tu mano sobre mi hijo. Cuídalo y guárdalo.

Guíalo por el camino de la vida, condúcelo con suavidad pero seguro hacia ti. Mantenlo a salvo y seguro. Gracias, Dios, por el regalo que es mi hijo. Gracias por las risas, las lágrimas, la alegría y el dolor. Gracias por todo lo que él ha traído a mi vida y por todo lo que el significa para mí.

Escucha

"¿Quién de ustedes, si su hijo le pide pan, le da una piedra? ¿O si le pide un pescado, le da una serpiente? Pues si ustedes, aun siendo malos, saben dar cosas buenas a sus hijos, ¡cuánto más su Padre que está en el cielo dará cosas buenas a los que le pidan"!

MATEO 7:9-11

Retorna

Cuando los pensamientos sobre tu hijo te lleguen a la mente, recuerda una imagen en el momento más feliz con él. Conserva esa imagen cerca de ti, recordándote a ti misma en ese momento con él. Disfruta de revivir esa sensación hoy y recuerda que el amor del uno por el otro está presente.

Tu relación con tu hija

Cálmate

Deléitate en el SEÑOR,
y él te concederá los deseos de tu corazón.

SALMO 37:4

Céntrate

Trae a la mente una imagen de tu hija, una imagen de una época en que las dos estaban felices. Puede ser una imagen actual o una de cuando era una niña. Conserva esta imagen en tu mente. Disfruta reviviendo esas buenas sensaciones y permanece en silencio por un momento.

Ora

Aquí está mi hija, Dios.

Te doy gracias por ella.

Gracias por permitirme ser parte de su vida y porque ella es parte de la mía.

Gracias por los buenos momentos que hemos pasado y también por los momentos de dolor.

Aquí está mi hija, Dios.

Ella es parte de mi vida, parte de lo que yo soy y parte de lo que llegaré a ser. Nosotras estamos inseparablemente conectadas. Veo en ella muchas de mis propias cualidades, veo en ella mis propias dudas y miedos. Veo en ella mis propias alegrías y emociones.

El deseo de mi corazón es que ella tenga toda la alegría que la vida pueda traer y que estés con ella Dios amado, en aquellos momentos en los que la alegría pareciera estar muy lejos.

Dios, te pido que estés entre mi hija y yo, para que todo lo que suceda pase a través de ti. Permanece entre nosotras, de manera que todo lo que yo diga sea filtrado a través de tu amoroso cuidado y de tu cariño.

Quédate entre nosotras para que mis palabras, pensamientos y acciones sean transformados por tu amor, transformados en amor para mi hija.

Recuérdame frecuentemente que una vez fui como ella. Puede ser que yo no lo vea ahora, pero en ella están las semillas de lo que yo fui una vez.

Recuérdame a menudo que no siempre me puede gustar lo que ella hace, o aprobar lo que ha hecho, pero ella es mi hija y es un regalo que tú me has dado.

Te pido hoy que la sostengas en la palma cerrada de tu mano. Protégela, guíala y guárdala. Gracias, Dios.

Escucha

"El que recibe en mi nombre a uno de estos niños, me recibe a mí; y el que me recibe a mí, no me recibe a mí sino al que me envió".

MARCOS 9:37

Retorna

Durante el día recuerda la imagen feliz de tu hija. Siempre que tengas pensamientos negativos sobre ella, trae esa imagen a tu mente y revive el momento en el tiempo cuando las dos eran felices juntas. Recuérdate a ti misma con frecuencia que el amor entre ustedes está ahí presente.

Tu relación con tu madre

Cálmate

No las esconderemos de sus descendientes;
  hablaremos a la generación venidera
del poder del Señor, de sus proezas,
  y de las maravillas que ha realizado.

Salmo 78:4

Céntrate

Toma un momento y permite que las imágenes de tu madre fluyan por tu mente. Obsérvala como la recuerdas en diferentes etapas de su vida. Piensa en ella en los momentos en que estaba sonriendo, riendo, con el ceño fruncido o enojada. Trata de verla como una persona integra.

Ora

Aquí está mi madre, Dios.

La relación entre madre e hija es compleja. Existe un vínculo especial entre ellas, una conexión que puede ser una alegría o una carga, que puede traer tanto lágrimas como risas.

Gran parte de mi vida está ligada a mi madre de una forma u otra. Es difícil para mí ser yo misma cuando estoy con mi madre. Ante sus ojos, todavía soy una niña. Debemos trabajar en nuestra nueva relación; la relación de un adulto con otro adulto.

Aquí está mi madre, Dios.

Ayúdame a entender que ella sólo quiere lo mejor para mí, aunque a veces no parece ser de esta manera.

Permanece conmigo cuando estoy con mi madre. Colócate entre nosotras. Apacigua todos los pensamientos, recuerdos, ideas, imágenes, eventos y ocasiones que están siempre presentes cuando estamos juntas. Ellos traen mucha carga a nuestra relación.

Dios, me gustaría tener una relación con mi madre que se base únicamente en nuestro amor. Sólo podemos lograrlo con tu ayuda. Cuando estés entre nosotras, toma nuestros pensamientos y acciones, purifícalos por medio de tu amor y aumenta nuestro amor por los demás.

Aquí está mi madre, Dios.

¡Cómo te agradezco por este vínculo tan especial! por esta relación única que me has dado. Te agradezco por permitirme ser parte de la vida de mi madre y que ella sea parte de la mía. Oro para que nos des a cada una de nosotras lo mejor de la otra.

Escucha

Luego dijo al discípulo:
"Ahí tienes a tu madre.
Y desde aquel momento ese discípulo la recibió en su casa".
JUAN 19:27

Retorna

Continúa pensando en tu madre. Trata de verla como a una hija de Dios. Trae a tu mente una imagen que te haga sentir bien sobre ella, mantén esa imagen y disfruta de ella.

Tu relación con tu padre

Cálmate

Pero el amor del SEÑOR es eterno
y siempre está con los que le temen;
su justicia está con los hijos de sus hijos.

SALMO 103:17

Céntrate

Piensa en una imagen de tu padre. Elije una imagen en la que te sientas feliz y relajada, una que traiga buenos recuerdos. Mantén esta imagen en tu mente durante unos instantes y disfruta de las sensaciones que trae.

Ora

Aquí está mi padre, Dios.

Te agradezco por él.

Gracias por hacerlo parte de mi vida y por hacerme parte de la suya.

Gracias por la orientación que él me ha dado.

Gracias por su buen ejemplo.

Gracias por todo lo que él ha hecho por mí.

Aquí está mi padre, Dios.

Muchas personas nunca saben lo que es tener un padre amable y amoroso. Muchas personas no conocen a su padre, o tienen un padre que no se preocupa por ellos.

A medida que envejezco, Dios, aprecio a mi padre cada vez más. Empiezo a entender de qué maneras le ha dado forma a mi vida. También me doy cuenta cuan inteligente, paciente y cariñoso es.

Perdóname por las veces que lo he criticado,

por las veces que lo he saturado con mis problemas,

por las veces que lo he afligido con mi comportamiento.

Al igual que Tú, Padre Celestial, él siempre me ha perdonado, me ha querido y me ha sostenido con fuerza en su cálido abrazo.

Gracias por mi padre, Dios. Gracias por todo lo que él significa para mí. Te agradezco por los sentimientos que tenemos el uno por el otro; en el pasado, ahora y en el futuro. Bendice nuestra relación.

Sostennos a los dos en la palma de tu mano. Pido que nos acompañes cuando estemos juntos;

que estés en nuestras palabras,
en nuestros pensamientos ,
en nuestra confianza mutua,
en nuestro cariño mutuo.

Bendice a mi padre, Dios. Impón tu mano amorosa sobre él, dale paz y alegría. Permítele que sienta tu presencia en su vida y déjale saber que es amado.

Escucha

Así que emprendió el viaje y se fue a su padre.

"Todavía estaba lejos cuando su padre lo vio y se compadeció de él; salió corriendo a su encuentro, lo abrazó y lo besó".

LUCAS 15:20

Retorna

Continúa pensando en la imagen de tu padre, una que te haga sentir bien. Mantén esta imagen dentro de ti, disfruta esos sentimientos y después deja que la imagen se vaya flotando lentamente a medida que regresas a tu vida cotidiana.

Tu relación con tus abuelos

Cálmate

Instrúyeme, SEÑOR, en tu camino
para conducirme con fidelidad.
Dame integridad de corazón
para temer tu nombre.

SALMO 86:11

Céntrate

Trae a la mente el rostro de tu *abuelo/la*. Obsérvalo/la lo más claramente que puedas. Observa todas las huellas de envejecimiento que pueda tener en su rostro. Permite que tu mente se fije en sus facciones por un momento y aprecia esos rastros de una larga vida.

Ora

Dios, te doy gracias por *esta persona*. Toda la sabiduría, todo el conocimiento, todas las experiencias que *él/ella* tiene, son míos también. Como la flor que florece y produce semillas para esparcir en el suelo a su alrededor, *esta persona* esparce semillas sobre mí.

Siento esas semillas echando raíz,
creciendo muy dentro de mí,
cambiando quien soy y lo que soy.
Ellas florecen en conocimiento,
en sabiduría,
en experiencia,
en todas las cosas que *esta persona* representa.
Y ahora ellas son una parte de mí.

Dios Eterno, cuando veo a *esta persona*, me doy cuenta de que envejecer no es aterrador. Entiendo que envejecer es parte de la vida y que este proceso nos lleva a un punto donde somos capaces de esparcir las semillas de lo que somos a los que amamos.

Te agradezco, Dios, por la sinceridad y disposición de *esta persona* para aportar a mi vida, de manera que *él/ella* se convierte una parte de mí. En *él/ella*, veo un ejemplo de lo que yo quiero ser. Yo quiero envejecer de una manera que me permita compartir mi vida y experiencias con otros. Quiero compartir todo lo que soy, todo lo que sé y todo lo que tengo.

Te agradezco por *esta persona.*

Te agradezco por su influencia en mi vida.

Te doy gracias por las risas que compartimos, por el amor que sentimos el uno por el otro, por la alegría que nos da nuestra mutua compañía.

Sin embargo, cuando pienso en *esta persona* y traigo su rostro a mi mente, siento una punzada de tristeza, porque en las líneas profundas de expresión, en el cabello blanco y en el ablandamiento de la voz, veo señales de un final.

Cuando llegue ese final, Dios eterno, te pido que *lo/la* lleves a casa contigo, sostenlo lo/la cerca de ti y agradécele por todo lo que *él/ella* ha hecho por mí. Gracias por *esta persona.*

Escucha

"Vuelve a tu casa y cuenta todo lo que Dios ha hecho por ti".

LUCAS 8:39

Retorna

Piensa en tu abuelo/la de nuevo e imagina una hermosa flor abriéndose delante de sus ojos. Después la flor se desvanece, salen semillas y una suave brisa dispersa las semillas en el viento. Gracias, Dios, porque algunas de las semillas del amor de esta persona están sembradas en tu corazón.

Tu relación con un jefe difícil

Cálmate

Tú, Señor, eres mi porción y mi copa;
eres tú quien ha afirmado mi suerte.

Salmo 16:5

Céntrate

Imagina una copa en el centro de una mesa. La copa se va llenando lentamente de líquido hasta que se rebosa y el líquido se esparce sobre la mesa. En tu mente observa el líquido que continúa derramándose de la copa y formando un charco cada vez más grande.

Ora

Querido Jesús, Tú eres el Señor de mi vida. Sin embargo, en mi vida diaria sirvo a otra persona, no con el amor y la devoción que te doy a ti, pero que con las incómodas ataduras de la necesidad. Yo sé que Tú tienes mi vida en tus manos y también mi trabajo, pero tengo dificultades para aceptar que mi jefe es parte de tu plan para mí.

Esta persona tiene mucho poder en mi vida. *Él/ella* está en mis pensamientos cuando me despierto y cuando voy a dormir.

Sus palabras me persiguen.

Sus acciones me irritan.

Su presencia me amenaza.

No puedo escapar de *él/ella*. Todos los días, todos los días. . . lo/la debo enfrentar.

Sé que Tú quieres que yo ponga la otra mejilla, que ame a mis enemigos, que ore por aquellos que son crueles conmigo. Yo sé todas las formas como debería actuar, querido Jesús. Pero cuando trato de hacerlo, es como si una nube pesada de ira y desesperación bloqueara mis acciones. Me siento impotente contra esto.

Sin duda, mi jefe es parte de tu propósito para mi vida. Ayúdame a creerlo.

Jesús, por favor libérame de los pensamientos de cinismo y de las dudas. Ayúdame a ver que lo que hago puede tener un efecto profundo y positivo en la vida de *esta persona*.

Dame la fuerza interior que necesito para ir más allá de mis sentimientos por *él/ella*. Ayúdame a ver que puedo ser tu instrumento para llegar a *él/ella*. Abre mi corazón a las posibilidades en esta situación.

Escucha

"Pongan mucha atención" añadió. "Con la medida que midan a otros, se les medirá a ustedes, y aún más se les añadirá. Al que tiene, se le dará más; al que no tiene, hasta lo poco que tiene se le quitará".

MARCOS 4:24-25

Retorna

Tu tarea es ser una fuente desbordante del amor de Dios para tu jefe. Cierra los ojos e imagina nuevamente la copa sobre la mesa. Tú eres la copa y el líquido es el amor de Jesús. La mesa es tu jefe. Durante el día, cada vez que te sientas disgustada, amenazada, o abrumada por tu jefe, imagina la copa. Llénala en tu mente y deja que se desborde.

Tu relación con un amigo o amiga

Cálmate

Y ahora, por mis hermanos y amigos te digo:
«¡Deseo que tengas paz!»

SALMO 122:8

Céntrate

Piensa en tu amigo/a. Obsérvalo/a claramente. Trae a tu mente un momento feliz que hayan compartido. Disfruta de revivir ese momento.

Ora

Aquí está mi amigo/a, Dios. Gracias por *esta persona*. Gracias por todo lo que compartimos juntos/as.

Gracias por el vínculo de amor entre nosotros/as.

Gracias por la confianza mutua.

Gracias por nuestra amistad.

Él/ella ha enriquecido mi vida. Muchas veces he confiado en mi amigo/a para llevarle mis preocupaciones, para que escuche mis inquietudes, para que escuche mis alegrías y mis penas. Y yo he hecho lo mismo por *él/ella.*

Dios misericordioso, te pido que extiendas tu mano y bendigas a *esta persona*.

Toca a *esta persona* con tu bondad. Llena su corazón con tu luz, alegría y paz.

Envuélvelo/la con tu amor.

Permite que *él/ella* sepa que es realmente amado/a, no sólo por mí, sino también por ti.

Mientras pido por mi amigo/a, me doy cuenta de que mi cercanía con *él/ella* es sólo una sombra en comparación con la cercanía que tengo contigo.

Tú siempre estas allí,
siempre esperando,
siempre listo,
siempre complaciente,
siempre disponible.

Ayúdame a ser esa misma clase de amigo para *esta persona*. Ayúdame a estar esperando, listo, complaciente y disponible. Abre mis oídos para que pueda escuchar con tu amorosa atención. Dame las palabras para hablar de modo que *él/ella* pueda escuchar tus palabras de amor. Guárdame en tu perfecta voluntad para que todo lo que digo y lo que hago con mi amigo/a te refleje a ti.

Escucha

"Ustedes son mis amigos si hacen lo que yo les mando. Ya no los llamo siervos, porque el siervo no está al tanto de lo que hace su amo; los he llamado amigos, porque todo lo que a mi Padre le oí decir se lo he dado a conocer a ustedes".

JUAN 15:14-15

Retorna

Al pensar en tu amigo/a, piensa en la amistad que tienes con Jesús y date cuenta que tu amistad con Jesús es un modelo para tu amistad con esta persona.

Tu relación con tu grupo de oración

Cálmate

Los árboles del Señor están bien regados,
    los cedros del Líbano que él plantó.
Allí las aves hacen sus nidos;
    en los cipreses tienen su hogar las cigüeñas.

Salmo 104:16-17

Céntrate

Imagina un campo de hierbas muy extenso. En medio del campo hay un solo árbol. Piensa cómo se ve ese árbol solo, en medio del campo abierto.

Ora

Dios mío, yo soy como ese árbol, sola en medio del campo. A veces me siento muy sola en mi caminar cristiano. Soy una sola persona, una voz solitaria clamando en el desierto. Sin embargo, cuando estoy con mi grupo de oración, soy parte de un conjunto mucho más grande. Cuando nos reunimos, ya no somos personas solitarias, sino que somos el cuerpo de Cristo.

Qué maravilloso es cuando nos reunimos y hablamos de la forma en que te hemos experimentado a ti. Qué edificante es cuando compartimos sobre la forma como entraste en nuestras vidas. Que fascinante es ser parte de tu poder trabajando a través de nosotros y dentro de nosotros.

Pero a veces, Señor, nosotros nos desviamos del tema.

Nos quejamos,
nos enojamos unos con otros,
nos alborotamos por pequeños desacuerdos,
tomamos partido en cuestiones sin importancia.

Nos olvidamos que nuestro propósito es ser el cuerpo de Cristo. Se nos olvida que estás allí cuando estamos reunidos. Amado Dios, oro para que podamos sentir tu presencia mientras estamos reunidos. Continúa recordándonos que la razón de nuestra reunión es para glorificarte, es para exaltarte ante todas las personas, que continuamente te alabemos por todo lo que has hecho.

Ayúdanos a recordar que juntos podemos orar por los demás. Turna nuestra mirada interior hacia el exterior.

Muéstranos la necesidad que nos rodea y dadnos la sabiduría para saber cómo orar por esa necesidad.

Gracias, Señor, por habernos reunido. Gracias por animar a cada uno de nosotros para ser parte del grupo. Gracias por darnos a cada uno de nosotros dones particulares y talentos que pueden ser utilizados para elevar, mantener y fortalecer este grupo. Gracias por inspirarme para formar parte de este grupo. Gracias porque este grupo puede ser parte de tu plan eterno.

Escucha

"Además les digo que si dos de ustedes en la tierra se ponen de acuerdo sobre cualquier cosa que pidan, les será concedida por mi Padre que está en el cielo. Porque donde dos o tres se reúnen en mi nombre, allí estoy yo en medio de ellos".

MATEO 18:19-20

Retorna

Recuerda la imagen del árbol solitario en el campo extenso. Ahora imagina otros árboles que crecen a su alrededor hasta que se forma un pequeño bosque. Observa la belleza de esta formación; las diferentes variedades de hojas y frutos en los árboles. Fíjate que existen diferentes variedades de árboles, así como hay muchas variedades de personas y dones particulares en tu grupo.

Un espacio
de calma para
celebrar ocasiones
especiales

Al celebrar un cumpleaños

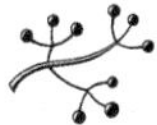

Cálmate

De ti he dependido desde que nací;
del vientre materno me hiciste nacer.
¡Por siempre te alabaré!

Salmo 71:6

Céntrate

Piensa en la persona a quien le celebras su cumpleaños. Imagina a *esta persona* sentada a la mesa. Frente a *él/ella* hay un regalo grande. Lentamente *él/ella* empieza a abrir el regalo quitando la cinta de seda brillante, levantando la tapa y retirando las capas de papel de seda.

Ora

Hoy es el cumpleaños de *esta persona*, Dios.

Celebro el día de hoy porque *él/ella* representa un papel especial en mi vida. Al pensar en *él/ella* y en los momentos que hemos compartido, me siento agradecida por su existencia. No me puedo imaginar mi vida sin *esta persona*.

Gracias, Dios, por esta persona.

La encomiendo a ti, en este día especial y oro para que coloques tu mano amorosa sobre *esta persona*, envuélvelo/la con el espíritu de tu amor y cúbrelo/la con el manto de tu presencia. Concédele a *él/ella* el don de tu presencia y de tus cuidados. Dios, ruego que estés presente en todos los momentos del cumpleaños *de esta persona*, hazle saber que es tu hijo/a y que celebran juntos este día.

En el cumpleaños de *esta persona*, Amado Dios, te pido le otorgues de ti mismo.

Permítele que pueda sentir tu presencia;

tan cercana,

tan real,

tan palpable;

que no tendrá ninguna duda de que estás con *él/ella*. Hoy, Dios, dirige cada momento, cada pensamiento y cada respiración de *él/ella* hacia ti.

Muchas gracias, Dios, por esta persona.

Te agradezco porque *él/ella* hace parte de mi vida.

Te agradezco por darle a *él/ella* el último regalo: el regalo de la salvación.

Escucha

"Y ésta es la vida eterna: que te conozcan a ti, el único Dios verdadero, y a Jesucristo, a quien tú has enviado".

JUAN 17:3

Retorna

A lo largo de este día, continúa imaginando a *esta persona* abriendo el maravilloso regalo y sintiendo la increíble presencia de Dios.

Al celebrar un aniversario

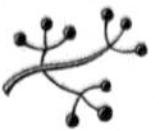

Cálmate

Traigo a la memoria los tiempos de antaño:
medito en todas tus proezas,
considero las obras de tus manos.

Salmo 143:5

Céntrate

Recuerda el motivo por el cual estás celebrando el aniversario. Trata de recordar los colores, los sonidos, los olores y los lugares de interés que te rodean. Evoca los sentimientos de ese momento. Disfruta la sensación de estar allí una vez más.

Ora

Hoy es el aniversario de *este acontecimiento*, Dios. Tantas cosas han pasado desde ese día y sin embargo, todavía recuerdo con claridad.

Te agradezco por lo que fue *este evento*, por lo que significaba entonces y por lo que significa ahora.

Te agradezco por la forma cómo *este evento* cambió todos los demás acontecimientos que siguieron.

En ese momento, no sabía qué sucedería después. Únicamente disfruté *el acontecimiento* por los sentimientos y por los momentos que lo rodearon. Ahora, al celebrar el aniversario de *este evento*, me doy cuenta de que *este evento* es parte de mí;

parte de quien yo soy,
parte de donde yo estoy,
parte de como yo soy,
parte del porque yo soy yo.

Del mismo modo que has hecho con muchos otros acontecimientos en mi vida, Dios, toma *este evento* y úsalo para transformarme en la persona que Tú quieres que yo sea.

Te doy gracias por este acontecimiento en mi vida. Agradezco por la promesa que había en él. Te agradezco por el tiempo transcurrido desde ese momento hasta ahora y por todas las emociones, los pensamientos y sentimientos durante ese tiempo.

Gracias por usar todos estos acontecimientos en mi vida; aquellos que recuerdo con un aniversario y los que pasan desapercibidos.

Este evento es importante para mí, Dios. A medida que pienso en ello, veo una vez más tu promesa de que todas las cosas se dan a su tiempo para bien.

Escucha

"¿Es que tienen ojos, pero no ven, y oídos, pero no oyen? ¿Acaso no recuerdan"?

MARCOS 8:18

Retorna

Continúa pensando en este evento. Analiza todos los aspectos de ese día y observa cómo ha contribuido para que seas la persona que eres hoy. Da gracias a Dios por utilizar todos los eventos de tu vida para crear la persona que Dios quiere que seas.

Al celebrar tu cumpleaños

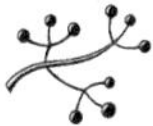

Cálmate

Mis huesos no te fueron desconocidos
  cuando en lo más recóndito era yo formado,
cuando en lo más profundo de la tierra
  era yo entretejido.
Tus ojos vieron mi cuerpo en gestación:
  todo estaba ya escrito en tu libro;
todos mis días se estaban diseñando,
  aunque no existía uno solo de ellos.

SALMO 139:15-16

Céntrate

Imagina un montón de regalos envueltos en papeles de regalos brillantes y decorados con cintas.

Ora

Amado Dios, este es un día especial para mí. Es también un día para contabilizar, cuando me doy cuenta que ha pasado otro año. ¡Soy un año mayor!

¿Qué he logrado? ¿Cómo he hecho de mi mundo un lugar mejor? ¿Cómo he sido fiel a tu llamado? (*Recuerda el año pasado y sus eventos*).

Estos son los acontecimientos de este último año, Dios. Gracias por estar conmigo.

Y en los momentos que pudieron no ser relevantes pero que formaron parte de mi vida, también estuviste conmigo:

en mi alegría,
    en mi dolor;
en mi risa,
    en mis lágrimas;
en mi regocijo,
    en mi ira,
en mis victorias,
    en mis fracasos.

Siempre estuviste conmigo.

Que maravilloso es darme cuenta que este año ha sido un año que he pasado contigo. Gracias, Dios, por el regalo del año que pasó. Ahora te doy gracias por el regalo del año que viene. Ayúdame a disfrutarlo, a compartirlo y a apreciarlo. Es un regalo que Tú me das.

Escucha

"No me escogieron ustedes a mí, sino que yo los escogí a ustedes y los comisioné para que vayan y den fruto, un fruto que perdure. Así el Padre les dará todo lo que le pidan en mi nombre".

JUAN 15:16

Retorna

Toma un momento para pensar en el próximo año. Imagina que estás abriendo todos los regalos que están sobre la mesa frente a ti. Dentro de ellos están los dones que el Espíritu tiene para ti: sabiduría, conocimiento, fe, sanidad, milagros, profecía y capacidad de discernimiento.

Al celebrar una boda

Cálmate

Con alegría y regocijo son conducidas
al interior del palacio real.

SALMO 45:15

Céntrate

Piensa en un sencillo anillo de oro y en el círculo sin fin que él representa.

Ora

Dios de gracia, este es un día especial, de alegría y de celebración ya que *esta persona* y *esta persona* se han unido en matrimonio.

Estoy muy feliz por esta pareja. Te agradezco porque se han encontrado mutuamente.

Gracias por el compromiso que realizan mutuamente y contigo.

Gracias por este día y por toda la alegría que trae a muchas personas.

Dios, te encominedo a *esta persona* y a *esta persona*. Permanece en sus vidas. El matrimonio puede ser algunas veces un camino difícil. Te pido que seas como un mediador entre estas dos personas, de modo que todo lo que digan, sientan o piensen acerca de la otra persona sea filtrado a través de tu amor.

A medida que hacen hoy sus juramentos, permanece a su lado y crea un cordel triple con esta pareja. Permite que este cordel entre *esta persona* y *esta persona* y Tú, resista a través de los años por el amor y la alegría de este día.

A medida que se profesan los votos, haz que tomen conciencia de tu presencia. Ofréceles tu guía para que se den cuenta que tú eres parte de su vínculo.

Concédeles gozo.
Profundiza su amor.
Fortalece su unión.
Acércarlos a ti.

Gracias, Dios, porque ahora estos dones son parte de la vida de esta pareja y parte tu gran plan.

Escucha

"Así que ya no son dos, sino uno solo. Por tanto, lo que Dios ha unido, que no lo separe el hombre".

Mateo 19:6

Retorna

Durante el día, mientras piensas en esta pareja, continúa viendo el anillo de oro como símbolo de su matrimonio. El anillo está hecho de un metal fuerte, que brilla en la luz y crea un círculo sin fin de amor eterno.

Al celebrar una confirmación

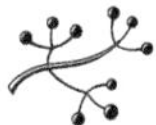

Cálmate

Encamíname en tu verdad, ¡enséñame!
Tú eres mi Dios y Salvador;
¡en ti pongo mi esperanza todo el día!

SALMO 25:5

Céntrate

Trae a tu mente el rostro de la persona que está siendo confirmada. Toma un momento para verla con claridad. Luego imagina una hermosa paloma blanca revoloteando por encima de su cabeza. Imagina una luz descendiendo de la paloma y posándose sobre la persona que está siendo confirmada. Conserva en tu mente esta imagen de la luz.

Ora

Cordero de Dios, te doy gracias porque *esta persona* está públicamente anunciando la decisión de convertirse en tu seguidor/a. Este es un momento trascendental en su vida espiritual, un momento en que la promesa del Espíritu Santo se ha cumplido.

Mientras *esta persona* hace sus votos de confirmación, haz que pueda estar plenamente consciente de lo que está prometiendo.

A medida que se coloca delante del altar y promete renunciar a Satanás, seguirte, y convertirse en parte de la comunión de la iglesia, vierte tu Espíritu Santo sobre *él/ella*.

Que sienta que se abre una nueva dimensión dentro de su alma.

Que tome consciencia de la presencia del Espíritu Santo dentro de su ser.

Que disfrute de la promesa del Espíritu para el resto de su vida.

Señor Jesús, acompaña a *esta persona* de una manera real y tangible. Permite que este día marque el comienzo de su caminar contigo. Que cuando *él/ella* mire hacia atrás, este sea el momento en que el Espíritu Santo se convirtió en una presencia real en su vida.

Te doy gracias, Señor, por *esta persona* y por su testimonio hacia ti el día hoy. Dale la bienvenida en comunión con todos tus seguidores mientras lo/la acogemos en la iglesia.

Concédele el poder y la gracia para continuar recorriendo el camino que Tú has trazado para *él/ella*.

Querido Jesús también pido que este día sea especial para todas las personas que forman parte de esta celebración: las familias, la congregación, los ministros, el coro. Toca a cada uno de ellos de alguna manera. Recuérdales su propia confirmación y que el Espíritu Santo ahora vive en ellos.

Gracias Jesús, por el consuelo, por el Espíritu Santo. Gracias por cumplir esa promesa en nosotros cuando afirmamos nuestra fe en ti y por la promesa de caminar en tus caminos.

Escucha

"Y yo le pediré al Padre, y él les dará otro Consolador para que los acompañe siempre: el Espíritu de verdad, a quien el mundo no puede aceptar porque no lo ve ni lo conoce. Pero ustedes sí lo conocen, porque vive con ustedes y estará en ustedes".

JUAN 14:16-17

Retorna

Al pensar en *esta persona* y en su confirmación, continúa imaginando la luz dorada del Espíritu Santo posándose sobre *él/ella*. Cierra los ojos y observa a *esta persona* impregnada del Espíritu Santo.

Al celebrar un bautizo

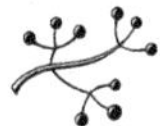

Cálmate

He hecho votos delante de ti, oh Dios,
y te presentaré mis ofrendas de gratitud.

SALMO 56:12

Céntrate

Imagina una cascada; una cascada de agua cristalina, transparente, que fluye sin parar. Escucha el sonido de la cascada en tu mente.

Ora

Los bautismos me traen una mezcla de emociones, querido Jesús. Siento alegría por el pequeño niño que ha sido presentado ante ti, o por la persona que está afirmando la decisión de seguirte. También siento dolor porque algunas personas hacen las promesas del bautismo a la ligera.

Los padres hacen promesas en nombre de su hijo.

Los padrinos hacen promesas al niño.

La congregación hace promesas al niño.

Una persona adulta o joven hace promesas en su propio nombre.

Todo el mundo hace promesas. Las promesas son parte del ritual.

Yo me pregunto; *¿Se detiene alguien a pensar acerca de lo que está prometiendo hacer? ¿Hace la congregación un esfuerzo de común acuerdo para mantener a este niño en la iglesia? ¿Cumplen los padres con su promesa de llevar al niño a la iglesia con regularidad? ¿Le ofrecen los padrinos una guía espiritual al niño? ¿Continúa el adulto creciendo y madurando en la fe cristiana?* A veces, pero no siempre.

¿Cómo perdió el bautismo su significado, Señor Jesús? Tu propio bautismo fue un acontecimiento importante en tu vida, tan importante que Dios expresó la aprobación desde los cielos.

Hoy, Jesús, oro para que este bautismo sea diferente. Pido que este servicio llegue a tener un profundo significado para todos los que participan en él. Oro para que todos tengan conciencia de tu presencia.

Te agradezco por *esta persona* que hoy incluimos a la comunidad. Que a medida que el agua es vertida o rociada sobre *él/ella*, sea el símbolo de tu amor inagotable. Que a partir de ese momento, *esta persona* pueda estar siempre consciente de tu presencia.

Ruego para que Tú derrames el mismo amor inagotable en todos los que participan en este servicio. Ayuda a las personas presentes a darse cuenta de la importancia de este particular momento, no sólo en la vida de *esta persona*, sino también en sus propias vidas. A medida que renuevan sus propios votos de bautismo, permite que este momento se convierta en una nueva comunión contigo. Refréscales su fe, vuelve a llenar sus espíritus y a restaurar su alegría.

Escucha

"El que crea y sea bautizado será salvo, pero el que no crea será condenado".

MARCOS 16:16

Retorna

Continúa pensando en la cascada de donde siempre fluye agua transparente y cristalina. Visualízala como una representación del amor de Dios que fluye sobre, a través y alrededor de cada persona involucrada en la ceremonia del bautismo.

Al celebrar la Navidad

Cálmate

Cuando contemplo tus cielos,
  obra de tus dedos,
la luna y las estrellas que allí fijaste,
  me pregunto:
«¿Qué es el hombre, para que en él pienses?
  ¿Qué es el ser humano, para que lo tomes en cuenta?»

SALMO 8:3-4

Céntrate

Imagina que estás sola en una ladera al anochecer. El cielo está lleno de estrellas. De repente, una estrella brilla con fuerza, aumentando su resplandor hasta que te sientes bañada por su luz. Con la luz de la estrella viene una profunda sensación de paz y alegría.

Ora

La Navidad es un tiempo tan maravilloso, Jesús. Nosotros celebramos tu nacimiento en nuestro oscuro mundo.

Navidad es también un momento difícil. Muchas personas no tienen arreglos para la temporada; ni la familia, ni el banquete, ni los regalos, ni el torbellino social.

Es difícil, Jesús, cuando de repente descubro que como todos los demás estoy:

Apresurándome,
buscando,
haciendo,
obsequiando,
comiendo,
y olvidando porque celebro la Navidad.

Todo a mi alrededor me empuja a seguir la celebración terrenal de la Navidad.

Incluso en la iglesia hay una sensación de prisa que no tiene nada en que ver con la paz y la serenidad de la Navidad.

El desfile de la escuela dominical,
el bazar de Navidad,
los conciertos del coro,

los servicios especiales,
todo me empuja hacia el día de Navidad.

Entonces, cuando finalmente llega el día, estoy demasiado cansada para pensar en la razón por la que estoy celebrando. Una vez que los regalos han sido desenvueltos, la comida ha sido consumida y las familias han sido debidamente visitadas, no queda mucho tiempo para ti.

Y por eso, Jesús, te estoy pidiendo un regalo especial al celebrar tu nacimiento. Derrama la luz de tu estrella del Oriente. Báñame con esta luz de calma para que yo pueda experimentar la alegría profunda, que viene de saber que mi Salvador ha nacido. Bendito Jesús consérvame en tu paz hoy y siempre.

Escucha

"Yo he venido para que tengan vida, y la tengan en abundancia".

JUAN 10:10

Retorna

Mientras te preparas para el día de Navidad, cada vez que sientas que estas atrapada en las navidades terrenales, o comienzas a sentirte estresada o apresurada, toma un breve momento para cerrar los ojos y recordar la hermosa, brillante y radiante estrella. Permite que su luz se pose sobre ti. Siente la paz, experimenta la alegría y celebra el nacimiento de tu Salvador.

Al celebrar la Pascua de Resurrección

Cálmate

Para los justos la luz brilla en las tinieblas.
¡Dios es clemente, compasivo y justo!

SALMO 112:4

Céntrate

Piensa en un lugar al aire libre donde te gusta pasar el tiempo. Imagina que estas allí justo antes del amanecer. El mundo está en silencio e inmóvil. Entonces imagina que el cielo comienza a aclararse, los pájaros empiezan a cantar y una brisa suave comienza a agitar las hojas en los árboles. Mantén esta imagen por un momento y disfruta del amanecer de un nuevo día.

Ora

Este es el día, oh Cristo. Este es el amanecer de la fe cristiana.

A menudo pienso en María paseando por el jardín al amanecer de aquella primera mañana de Pascua. Ella debe haberse sentido desolada, sola y devastada por los acontecimientos de los dos días anteriores. A menudo me pregunto cómo fue capaz de hacer frente a tan abrumadora decepción;

al final de todos sus sueños y deseos,
a la desesperación,
al dolor.

¿Vino ella al jardín para un último adiós? ¿Tenía pensado volver a la vida que conocía antes de conocerte a ti?

Creo que sé cómo se sintió María cuando vio la tumba vacía, al ver que no estabas. Yo me he sentido de esa manera algunas veces; desesperada y sola. Las cargas de la vida se me acumulan y recorro el jardín buscándote. Pero entonces, como María, escucho tu voz llamándome por mi nombre y sé que estás allí;

no importa lo que pase,
no importa lo que he hecho,
no importa dónde he estado,
no importa a donde vaya.

Sólo tengo que responderte, querido Jesús, me ofrezco a ti en oración. Entonces, al igual que el milagro de esa primera mañana de Pascua, Tú estás allí. Tú estás siempre allí.

Cada día de mi vida es Pascua, porque cada día Tú, Jesucristo, el Señor resucitado, estás conmigo. Al amanecer de cada nuevo día, sé que lo que viene es parte de tu plan para mí y que Tú estás conmigo.

Escucha

"¿Por qué lloras, mujer? ¿A quién buscas?"

JUAN 20:15

Retorna

Experimenta brevemente el amanecer. Cierra los ojos por un momento. Observa el sol empezando a elevarse sobre la tierra oscura y da gracias a Dios por la resurrección de Jesús.

Al celebrar el día de Año Nuevo

Cálmate

Crea en mí, oh Dios, un corazón limpio,
y renueva la firmeza de mi espíritu.

Salmo 51:10

Céntrate

Imagina una hoja de papel en blanco, excepto por las fechas de este año escritas en la parte superior. Siéntate tranquilamente y observa esta hoja de papel en tu mente. Es una hoja limpia, blanca y sin marcas.

Ora

¡Cómo pasan los años, Dios eterno! Miro la fecha de este año y no hace mucho parecía imposible que este año llegaría. No es que pensara que yo no viviría tanto tiempo; es sólo que este año parecía tan lejano. Y ahora está aquí.

Ahora los años parecen pasar más rápidamente. Parece que ayer fue el último día de Año Nuevo y parece que sólo una semana antes fue el anterior día de Año Nuevo.

La mayoría de la gente piensa en el día de Año Nuevo como un día para volver a empezar.

Ellos hacen borrón y cuenta nueva, miran hacia adelante y comienzan de nuevo. Amado Dios, yo veo el día de Año Nuevo como una oportunidad para:

mirar hacia atrás lo que hay en la pizarra y luego empezar de nuevo.

Y entonces, miro hacia atrás, al año que acaba de pasar;
los buenos y los malos momentos,
la alegría y el dolor,
los cambios,
las transiciones de la vida,
y lo mismo,
lo mismo de siempre. . . .

A veces me he sentido muy cerca de ti, Dios y en otras ocasiones me he sentido muy lejos. Pero sé que en todos esos momentos Tú estabas conmigo.

Al mirar hacia el próximo año, veo esos doce meses, estas cincuenta y dos semanas, estos trescientos sesenta y cinco días como interminables e ilimitadas posibilidades de estar contigo.

Dejo este año en tus manos. Sólo Tú, Dios, sabes lo que nos espera. Tú sabes sobre los desafíos, las alegrías y las angustias. Te entrego la página en blanco de este año de mi vida.

En este nuevo año, ayúdame a obedecer tu voluntad, a escuchar tu voz y a caminar en tus caminos.

Muchas gracias, Dios, por este año.

Te agradezco por todo lo que vamos a hacer juntos.

Te agradezco por todo lo que vas a hacer a través de mí.

Te agradezco por todo lo que se haga en mí a través de ti.

Gracias, Dios, por este año.

Escucha

«El Espíritu del Señor está sobre mí,
por cuanto me ha ungido
para anunciar buenas nuevas a los pobres.
Me ha enviado a proclamar libertad a los cautivos
y dar vista a los ciegos,
a poner en libertad a los oprimidos,
a pregonar el año del favor del Señor».

LUCAS 4:18-19

Retorna

Mira nuevamente la página en blanco que representa este nuevo año. Date cuenta que lo que suceda en esa página es tu decisión, ya sea que quieras servir a Dios o servir a este mundo. Da gracias por que este año es parte del plan de Dios para ti.

Un espacio
de calma
para los finales
y los comienzos

Cuando quieres orar por sanidad

Cálmate

Envió su palabra para sanarlos,
y así los rescató del sepulcro.

Salmo 107:20

Céntrate

Imagina a la persona por la que estás orando. Si sabes específicamente cuál es el problema de salud que adolece; por ejemplo, un problema del corazón, céntrate en el área afectada del cuerpo de la persona. Si la oración es por ti misma, enfócate en la zona de tu cuerpo que necesita ser sanada.

Ora

Gran Médico, te encomiendo a *esta persona*. Estas son cosas que yo sé, Señor Jesús:

- Sé que amas a *esta persona* y que me amas a mí.
- Sé que tienes el poder para curar todas nuestras enfermedades.
- Sé que nunca le das la espalda a alguien que acude a ti para sanarse.
- Sé que todas las cosas ayudan para bien y que se puede utilizar incluso esta enfermedad para tu gloria.

Yo sé todas estas cosas y sin embargo, aún dudo para acudir a ti por sanidad.

¿Tengo miedo de ser presumida al suponer que la curación es parte de tu plan? ¿Tengo miedo de no poder ver tu repuesta a mi oración? ¿Temo que no me vaya a gustar la respuesta que reciba?

¿O tengo miedo de que no respondas nada?

Yo sé estas cosas, Señor Jesús:

- Sé que Tú nos amas.
- Sé que Tú escuchas mis oraciones.
- Sé que Tú respondes mis oraciones.

Entonces ¿por qué aún tengo dudas?

Tal vez sea porque no veo mucho de tu poder de sanación a mi alrededor. Muchas personas necesitan de tu toque sanador. Ellos oran por una sanación que no veo que esté sucediendo. Ellos hablan sobre una sanidad interior, sin embargo, eso no es por lo que ellos oraron.

Así que no me atrevo.

Yo sé estas cosas, Señor Jesús:

Sé que nos amas, a *esta persona* y a mí.

- Sé que sanaste a los ciegos, hiciste que el lisiado caminara y le diste paz a los afligidos.
- Sé que Tú triunfaste sobre la muerte.

Porque sé estas cosas, Jesús, no voy a dudar más. De pie y con la firmeza de saber que es cierto, te pido que pongas tu mano sanadora sobre *esta persona y* sobre mí. Te pido que toques lo que duele, sana lo que está dañado, y restablece lo que está muerto.

Te lo pido, Jesús, con la pequeña semilla de fe que tengo, la fe de saber que es una verdad.

Escucha

"Hija, tu fe te ha sanado" le dijo Jesús. "Vete en paz".

Lucas 8:48

Retorna

Continuá concentrándote en el área que necesita ser sanada. Imagina que esa área comienza a brillar con un calor interior, e imagina el amor de Jesús penetrando y tocando toda del área. Observa esa parte del cuerpo brillando con la luz de la sanación. Imagínala toda cicatrizada. A lo largo del día, continúa visualizando este proceso de curación.

Cuando necesitas perdón

Cálmate

Pero te confesé mi pecado,
   y no te oculté mi maldad.
Me dije: «Voy a confesar mis transgresiones al Señor»,
   y tú perdonaste mi maldad y mi pecado.

Salmo 32:5

Céntrate

Imagina que estas parada frente a una larga valla de madera. Las tablas de la cerca están clavadas muy juntas por lo que no puedes ver entre ellas. Tampoco puedes ver por encima y no puedes ver donde termina.

Ora

Lo siento, Dios. No sé qué más decir. Lo siento. Eso no debería haber ocurrido. No debería haberlo hecho. Lo siento.

Yo sabía que eso estaba mal, pero lo hice de todos modos. Supongo que pensé que no sería realmente importante; que lo que hice no haría una gran diferencia en el gran esquema de las cosas. Pero ahora me doy cuenta de que ha hecho una gran diferencia, especialmente en nuestra relación.

Mi pecado se interpone entre nosotros, Dios, como una cerca entre patios vecinos. Podemos hablar por encima de la cerca, podemos incluso vernos, pero no podemos tocarnos. Eso es lo que más extraño: la sensación de estar en contacto contigo.

He intentado alcanzarte por encima de la cerca, pero no pude.

He intentado caminar alrededor de la cerca, pero no tiene fin.

He tratado de ignorarla, pero parece que se hacen más larga cada día. Estoy empezando a pensar que estoy atrapada en ella, Dios.

No me daba cuenta que una valla podría ser construida tan fácilmente o con tanta rapidez. Un día, fue una sola tabla, esa pequeña cosa que no debería haber hecho. Ahora más tablas son agregadas cada día a la cerca mientras trato de encubrir, de olvidar, de ignorar esa primera tabla. No sé dónde va a terminar esto.

No quiero seguir viviendo así, querido Dios, con una cerca entre nosotros; una barrera que yo misma construí.

Dios, estoy realmente arrepentida por lo que hice y estoy pidiendo que me perdones. Derriba la cerca con el poder de tu perdón. Deja que te vea completamente, cara a cara; permíteme hablar contigo sin ningún obstáculo entre nosotros.

Amado Señor, te pido que retires cualquier otra barrera que yo pude haber construido inadvertidamente con este comportamiento; vallas entre otros y yo, vallas entre las personas que no saben que yo fui la que puso la primera tabla.

Restáuranos a todos, Dios.

Perdóname.

Escucha

"Por esto te digo: si ella ha amado mucho, es que sus muchos pecados le han sido perdonados. Pero a quien poco se le perdona, poco ama".

Lucas 7:47

Retorna

Cierra los ojos y piensa en esa extensa cerca de tablas. Ahora imagina un torbellino que sopla en silencio a lo largo de la valla, arrancando las tablas y lanzándolas hacia el cielo, donde pronto desaparecen. Observa este potente y silencioso viento que sopla lejos toda la valla hasta que no queda nada.

Cuando necesitas guía

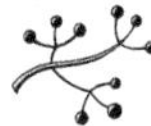

Cálmate

El SEÑOR dice:
"Yo te instruiré,
yo te mostraré el camino que debes seguir;
yo te daré consejos y velaré por ti".

SALMO 32:8

Céntrate

Imagina que estas caminando por un pasillo largo. Hay puertas en ambos lados del pasillo y todas ellas están cerradas. No hay nada que te indique a dónde conducen o qué hay detrás de ellas.

Ora

Dios que nos guías, en este momento tengo muchas opciones frente a mí. No quiero hacer una mala elección. Quiero hacer la elección que Tú quieres que haga, pero no puedo darme cuenta cuál de ellas. Todas las opciones se ven bien para mí.

Todas ellas tienen posibilidades.

Todas ellas tienen aspectos atractivos.

Todas ofrecen buenas razones para elegirlas.

Así que estoy atascada aquí, tratando de tomar una decisión, tratando de decidir cuál es la mejor opción para mí, tratando de mantenerme dentro de tu voluntad.

Necesito tu orientación, Dios. Necesito escuchar tu voz y sentir tu tacto. Necesito saber que mi elección es la que quieres para mí.

En silencio encomiendo todas las posibilidades hacia ti. (*Piensa en las diferentes opciones para las que estás buscando orientación).*

En silencio suelto todas estas posibilidades. Las dejo ir, entonces tu guía será clara para mí, sin los obstáculos de mis propios deseos.

En el silencio, Dios, escucho tu voz. Escucho con el corazón abierto. Confío en que me guiarás hacia la elección correcta. Con esta confianza, voy a avanzar con fe y abriré las puertas que hay frente a mí.

Si intento abrir la puerta equivocada, guíame Dios, mantenla herméticamente cerrada y bloqueada. Si trato de abrir la puerta correcta, haz que se abra fácilmente. Permite que la entrada al otro lado de la puerta sea amplia y el camino abierto. Así es como voy a saber que he encontrado la puerta correcta.

Dios siempre presente, el proceso de apertura de puertas comienza ahora. Por favor, ayúdame a escoger la mejor opción.

Escucha

"Pero cuando venga el Espíritu de la verdad, él los guiará a toda la verdad, porque no hablará por su propia cuenta sino que dirá sólo lo que oiga y les anunciará las cosas por venir".

JUAN 16:13

Retorna

En tu mente, comienza a moverte por el pasillo, tratando de abrir las puertas que hay a ambos lados. Sólo una puerta se abrirá; las demás resisten cualquier intento de acceso. Obsérvate abriendo aquella puerta y caminando a través de la entrada.

Cuando necesitas liberarte de una adicción

Cálmate

Desde mi angustia clamé al Señor,
y él respondió dándome libertad.

Salmo 118:5

Céntrate

Imagina una cadena gruesa, pesada envuelta alrededor de tu cuerpo.

Siente su peso sobre tus hombros, la opresión del metal frío. Imagina que tratas de moverte con esa cadena que te envuelve.

Ora

¡Libérame, Jesús!

¡Libérame, Jesús!

Libérame de *esta adicción.*

De día y de noche lucho contra ella. Cada minuto del día, cada sueño, cada respiración, cada latido del corazón, cada pensamiento, cada parte de mí está encadenada a *esta adicción.*

Libérame de mi esclavitud, Jesús.

Libérame de mi esclavitud, Jesús.

Libérame de la esclavitud de *esta adicción.*

Muy a menudo he creído que estaba libre. Pero siempre, una y otra vez, las cadenas han regresado, cada vez más pesadas y más apretadas que la vez anterior.

Libérame ahora, Jesús.

Libérame ahora, Jesús.

Libérame de las cadenas de *esta adicción.*

En mi orgullo pensé que podría hacerlo por mí misma. Pensé que mi auto-control era más fuerte que esta adicción. Yo creía que si solamente me esforzaba más, sería libre.

Toma mi carga, Jesús.

Toma mi carga, Jesús.

Toma mi carga de *esta adicción.*

Ahora vengo a ti, Jesús. Estoy derrotada, golpeada, aprisionada y encadenada. No tengo ningún otro lugar a donde ir, ni nadie más a quien recurrir que a ti.

Acepta mi oración, Jesús.

Acepta mi oración, Jesús.

Acepta mi oración acerca de *esta adicción.*

No puedo hacer nada más sobre *esta adicción.* Libérame. Sácame de este cautiverio. Libérame ahora. Toma mi carga.

Acepta mi oración.

Escucha

"Así que si el Hijo los libera, serán ustedes verdaderamente libres".

JUAN 8:36

Retorna

Imagina que la cadena que te ata de repente se cae, amontonándose alrededor de tus pies. Pasas por encima de ella y sientes tu cuerpo liviano. Levantas los brazos y vuelves en perfecta libertad. Cuando sientas necesidad por *esta adicción*, visualiza la cadena que cae de tu cuerpo. Recuerda que ahora tú eres libre para alejarte.

Cuando buscas un nuevo caminar con el Señor

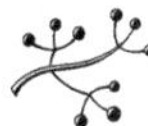

Cálmate

Me has dado a conocer la senda de la vida;
me llenarás de alegría en tu presencia,
y de dicha eterna a tu derecha.

SALMO 16:11

Céntrate

Imagina que estas caminando por un camino ancho, un camino muy transitado. Otra gente está caminando en la carretera, pero tú estás sola. A medida que caminas a lo largo de la carretera, ves otros pequeños caminos que se ramifican de la carretera principal, algunos en buenas condiciones.

Otros se ven más como senderos en la distancia. No ves a nadie en sos caminos.

Ora

No es que me disguste el camino en el que estoy contigo, querido Jesús. Es un buen camino; amplio, liso y fácil de transitar. Quizás es demasiado fácil.

Me he acostumbrado a esta ruta. Conozco la mayoría de sus curvas y sus baches, sus pequeñas colinas y las partes difíciles. La he recorrido durante mucho tiempo.

Pero ahora estoy empezando a mirar hacia los otros caminos que hay a partir de esta ruta. Me he dado cuenta que en realidad nunca antes lo había notado porque he estado demasiado ocupada concentrándome en caminar por este camino, un pie delante del otro, milla tras milla.

Ahora que el caminar no toma toda mi concentración, me encuentro buscando otras rutas, rutas que me podrían ofrecer retos, sorpresas y nuevas perspectivas.

No es que este aburrida de este camino, Señor Jesús. Yo sé que es el camino que elegiste para mí cuando empezamos juntos este viaje y yo no estaba muy segura de mis pasos.

Me pregunto si este sentimiento que tengo es tu forma de decirme que mire alrededor, que mire a los otros caminos que tienes para tus seguidores.

Jesús, me gustaría caminar contigo hacia alguno de los otros caminos. Me gustaría explorar nuevas vías con el fin de encontrar nuevos horizontes.

Muéstrame el camino dónde quieres que vaya.

Tráeme nuevas perspectivas de ti,
nuevas experiencias con el Espíritu Santo,
nuevas colinas y valles de fe,
nuevas fuentes de agua viva,
nuevas alegrías y tristezas.

Profundiza mi experiencia sobre ti mientras recorremos este nuevo camino juntos, Jesús. Muéstrame dónde debo pasar valientemente por mi cuenta, dónde tengo que cortar la maleza de mis viejos hábitos y pensamientos para encontrar los nuevos caminos que me esperan.

Siento bastante ilusión mientras permanezco en el silencio, sabiendo que Tú has escuchado mi oración y que estás incluso ahora, esperando por mí para empezar nuestro nuevo viaje juntos.

Escucha

"Entren por la puerta estrecha. Porque es ancha la puerta y espacioso el camino que conduce a la destrucción, y muchos entran por ella. Pero estrecha es la puerta y angosto el camino que conduce a la vida, y son pocos los que la encuentran".

Mateo 7:13-14

Retorna

Imagina que te detienes en medio de ese camino amplio. Visualízate mirando a la izquierda y a la derecha, viendo las carreteras, los caminos y los senderos a cada lado. Imagina que giras hacia uno de ellos y que estás dando el primer paso fuera de la carretera amplia.

Cuando alguien que amas muere

Cálmate

Aun si voy por valles tenebrosos,
    no temo peligro alguno
porque tú estás a mi lado;
    tu vara de pastor me reconforta.

Salmo 23:4

Céntrate

Imagina que estas sentada en un hermoso jardín cerrado por una alta pared de ladrillo. Puedes ver el cielo sobre tu cabeza, pero no se puedes ver más allá de la pared de ladrillo. En la pared de ladrillo hay una puerta abierta. Desde donde se puede ver una maravillosa vista de las colinas. La puerta se cierra lentamente. Siéntate en el jardín por un momento.

Ora

Dios que todo lo confortas, yo extraño a *esta persona*. Lo/la extraño intensamente. Mientras estoy aquí, hay un vacío en mi mundo, un espacio vacío que *él/ella* ocupó una vez.

Siento ese espacio vacío.

La conversación, las risas, muchas cosas que compartimos, todas han terminado. Y sólo queda el espacio vacío.

Cómo me gustaría que pudiera volver el tiempo atrás. Me gustaría que yo pudiera volver a un momento en el que estábamos juntos, felices, y despreocupados. Si tan solo hubiera sabido el poco tiempo que tendríamos. Yo habría atesorado cada minuto, cada segundo. En cambio lo dejé escapar.

No puedo cambiar el tiempo. Sólo puedo seguir desde aquí, viendo el tiempo que hay delante de mí y sin esta persona.

¿Cómo podré soportarlo?

Los días ya son largos,
las horas se arrastran,
los minutos son infinitos
sin *esta persona*.

Dios mío, ven a mí ahora. Llena este espacio vacío con tu amor y tu gracia. Permanece conmigo en los próximos días, meses y años. Ayúdame a vivir en este mudo sin *esta persona*.

Alivia mi corazón adolorido con tu suave caricia, Dios, de manera que se alivie el dolor, la nostalgia termine y la pena disminuya. Déjame sentir tu presencia conmigo en cada momento del tiempo por venir. En mi duelo, Dios mío, permíteme saber que la alegría finalmente llegará al amanecer.

Siento alegría en estos momentos en que te agradezco por *esta persona*. Gracias por todo lo que *él/ella* ha significado para mí.

Gracias por el impacto de su vida en la vida de otros.

Gracias por su vida.

Gracias porque en el momento de su muerte, puedo acudir a ti por consuelo.

Y ahora, querido Dios, al comenzar mi viaje sin *esta persona*, confío en que vas a estar conmigo. Ayúdame a descansar en tu inalterable amor.

Escucha

"Yo soy la resurrección y la vida. El que cree en mí vivirá, aunque muera; y todo el que vive y cree en mí no morirá jamás".

JUAN 11:25-26

Retorna

Siéntate calmadamente en tu jardín imaginario. Piensa en *esta persona* como si estuviese al otro lado de la puerta, disfrutando del nuevo paisaje que hay más allá de la pared de ladrillo. Recuerda que un día tú también pasarás a través de la puerta a reunirte con *él/ella.*

Cuando un tiempo especial termina

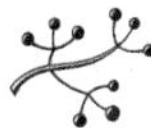

Cálmate

Ellos perecerán, pero tú permaneces.
Todos ellos se desgastarán como un vestido.
Y como ropa los cambiarás,
y los dejarás de lado.
Pero tú eres siempre el mismo,
y tus años no tienen fin.

SALMO 102:26-27

Céntrate

Encuentra un símbolo para tu tiempo especial, algo que puedas sostener en la mano. Por ejemplo, si has estado de vacaciones en la playa, el símbolo puede ser una concha. Si has pasado el tiempo con tu madre, tu símbolo puede ser una pieza de joyería que ella te haya dado. Cuando hayas elegido tu símbolo, consérvalo por unos pocos minutos.

Ora

Deseo que este tiempo no tuviera que terminar, he sido muy feliz y lo he disfrutado bastante. Es difícil dejarlo ir y seguir adelante.

Pero no tengo otra opción.

Tu universo se mueve continuamente,
desde los finales hacia los inicios,
hacia los finales y los inicios de nuevo.

Sin duda, este final es parte de tu plan para mí. Eso no parece como una buena parte del plan, pero sólo tú sabes el comienzo que este final indica.

Aunque me pesa en el corazón y me siento triste mientras le digo adiós a un tiempo de mi vida que parecía prometedor y generoso, confío en ti. Lo que sea que me espera más adelante, Yo sé que estás conmigo.

Tal vez el camino por recorrer es simplemente más del mismo camino que yo he recorrido antes de este tiempo especial. Sácame del aburrimiento y de la decepción.

El camino puede conducir a una nueva montaña que nunca he escalado antes. Abrázame y sujétame en los lugares difíciles.

El camino puede conducir a un valle profundo, oscuro y sombrío. Camina conmigo, querido Dios, y reconfórtame.

Siempre permíteme mirar hacia atrás para recordar este momento tan especial como un espacio de alegría y de placer en mi vida, libre de arrepentimientos y dolor. Deja que este recuerdo sea un refugio para mí, al igual que los lugares especiales que recuerdo de mi infancia.

Llévate cualquier amargura que yo pueda sentir por este final, Dios. Llena mi corazón con gratitud y alegría porque tú me has dado el regalo de este extraordinario tiempo.

Escucha

"Nadie remienda un vestido viejo con un retazo de tela nueva, porque el remiendo fruncirá el vestido y la rotura se hará peor. Ni tampoco se echa vino nuevo en odres viejos. De hacerlo así, se reventarán los odres, se derramará el vino y los odres se arruinarán. Más bien, el vino nuevo se echa en odres nuevos, y así ambos se conservan".

MATEO 9:16-17

Retorna

Conserva el símbolo de tu tiempo especial cerca de ti. Entonces imagina que lo colocas con cuidado en una caja. Tapa la caja. Sabes que la caja está ahí, lista para que la abras y para que recuerdes aquel tiempo especial.

Cuando una relación se termina

Cálmate

Vuelve a mí tu rostro y tenme compasión,
pues me encuentro solo y afligido.
Crecen las angustias de mi corazón;
líbrame de mis tribulaciones.

SALMO 25:16-17

Céntrate

Imagina que estás de pie en la cima de una colina alta mirando el paisaje a la distancia. Un viento suave sopla. Disfruta la sensación de independencia y libertad.

Ora

Lo he intentado todo, Señor Jesús.

He intentado ponerme en contacto.

He intentado retroceder.

He intentado hablar.

He tratado en silencio.

He llorado, suplicado gritado y susurrado.

He orado.

No puedo pensar en qué más hacer.

Así que te entrego esta relación a ti. No pido favores especiales, ni intervenciones divinas, ni revelaciones repentinas. Simplemente dejo esta relación en tus manos.

Y entregándotela, siento un gran alivio ¡Es un hecho! Finalmente he aceptado este final. Yo sé que a partir de este momento, mi vida será diferente y acepto este comienzo también.

Dame la fuerza para dejar ir todo. Impídeme volver a mis esfuerzos para mantener esta relación. Recuérdame que te la he dejado a ti.

Llévame al lugar más alto, querido Jesús, en el que yo pueda dejar atrás toda la amargura, las acusaciones, la ira, la tristeza y el dolor. En su lugar lléname con tu paz y con el conocimiento de que estás conmigo.

Permanece en este espacio entre el final y el comienzo de algo nuevo. Es un lugar atemorizante para mí, a medida que comienzo a hacer mi vida sin esta relación. Permanece entre lo que había; los recuerdos, los sueños, las esperanzas y lo que está por venir.

Acércame a ti en este momento. Déjame ver el futuro, no como algo que hay que temer, sino como algo que se has preparado para mí.

Escucha

"Yo soy la luz del mundo. El que me sigue no andará en tinieblas, sino que tendrá la luz de la vida".

JUAN 8:12

Retorna

Continúa imaginando que estás en lo alto de la colina. Date cuenta que la subida ha terminado y ahora eres libre de ir en cualquier dirección que escojas. Disfruta del viento sanador soplando a tu alrededor. Saborea la promesa del camino que tienes por delante.